學校沒教的心理課

穩定情緒、突破盲點，華麗變身人氣王！

自我成長篇

作者｜蔡宇哲、李盈儀

漫畫＆插圖｜熊哥大喬治漫畫創意工作室

在我小時候，長輩很常教導孩子們要「囡仔人有耳無喙」，意思是大人講的話聽就對了，不要問太多。但當孩子長大後，大人們又希望他具備獨立思考的能力，才不容易被騙，並走出自己的路。可是如果人們從小就只知道乖乖聽話、不去想其他可能性，長大又怎麼有辦法獨立思考呢？

所以我喜歡女兒跟我「頂嘴」，有根據又有趣的那種。

女兒小學三年級之後，開始會在聊天時冒出一句：「這不科學啊！」顯然老爸編故事的能力必須要更好才行。我總是會接著問她為什麼，開啟後面一連串的延伸討論。不僅增加了親子間的互動，更可以讓她感受到，答案不只有一個，生活中充滿著許多可能性。

我問女兒，你是怎麼知道這些知識的呢？她多半是在書上或是上課學到的。因此，提供孩子好的閱讀素材是很重要的，就像是種樹一樣，提供良好的土壤、水、空氣與肥料，幼苗就能自然而然長成大樹，而不需要去刻意拉拔。

學習心理科學對我的理性思考幫助很大。心理學非常貼近生活，很能引發好奇心與共感，也能讓自我覺察更敏銳。科學推論的過程大致上要有這些步驟：觀察、假設、驗證與預測，更需要抽絲剝繭去考慮各種影響因素。例如書中有一篇談到走路可以啟發靈感，實驗還特地區分是在戶外走還是在室內面壁走跑步機。這是因為一般走路會同時有移動、肢體活動跟景色變換這三點，而透過實驗設計才得以區分出真正啟發創造力的因素。

《學校沒教的心理課》這兩本書可說是十年磨一劍。2014年一月，我跟盈儀開始撰寫專欄，多虧有她，這十年來

每個月一篇,從未間斷。我們選取之前專欄內最有意思的研究,並由盈儀負責全部重新改寫,我再加以補充修改,再搭配生動有趣的漫畫插圖,集結成這兩本全新的書籍,連我這個大人看了都忍不住一則接一則讀下去。我們希望每篇內容都能讓讀者「知其然也知其所以然」,不僅如此,我們更在各篇文章後安排聊天室解答區,激發讀者思考其他可能性。期許大家在享受閱讀時,理性思考也能在不知不覺中慢慢萌芽長大。

　　希望讀了這本書的你,未來在表達自己觀點時,能用趣味又理性的方式跟人「頂嘴」!

　　　　　　　　——蔡宇哲(心理學博士／〈哇賽心理學〉創辦者＆總編輯)

登場人物介紹

博士

在校園中像忍者一樣神出鬼沒守護學生，幫大家用心理學找到學習和人際相處的新方法。講到心理學就熱情全開，為人幽默溫暖，不過有時候會講冷笑話。

學習火力值 ★★★★★

助理

平常會利用多元的方式教學各類科目，每堂課都難不倒她。看似一板一眼會吐槽博士，其實心腸很軟，是大家心中遇到大小困難都會向她求救的萬事通。

學習火力值 ★★★★★

艾諾

開朗善良，熱愛漫畫。平時反應快，很多事都想到就去執行。但對於真正想做的事卻是猶豫再三，總會懷疑自己的能力，不敢跨出嘗試的第一步。

學習火力值 ★★★★☆

費斯

喜歡科幻電影和小說，也樂於和朋友分享資訊。個性謹慎小心，對學習全力以赴，總是想要表現到最好，但有時候會用力過頭，變成反效果。

學習火力值 ★★★★

伊芮

外表看起來嚴肅，實際上直率又好相處。有時候太在意細節而顯得鑽牛角尖。常輕易相信眼前的資訊，使用不適合自己的方法學習。

學習火力值 ★★★

喬立

活潑外向愛耍寶，不會和人計較，是班上的開心果。對制式的學習不太有耐心，熱愛運用新方法，但常弄錯心理學的真實意義，結果弄巧成拙。

學習火力值 ★★★

學校沒教的心理課 自我成長篇
目 錄

作者序……02

登場人物介紹……04

如何使用這本書……08

CHAPTER 01

避開思考陷阱這樣做……09

越想忘記的事，越容易想起來？……10

克服腦波弱！帶你看穿說服技巧……16

小事沒關係？一不小心變大問題……22

破解假划算！大腦有偷懶盲區……30

CHAPTER 02

相信對的事，做出好決定……37

心理測驗或星座運勢真能讓你了解自己？……38

保持理性，別輕易相信特殊案例……44

專家這麼多，我該相信誰？……52

大排長龍一定好？別急著加入大眾的行列……60

CHAPTER 03

轉換心情小妙方……67

捏爆你的心理壓力……68

接受壞情緒，才能迎接好心情……74

遠離手機讓你更快樂……80

自己動手做，感覺更好……88

順手幫個忙，帶來好心情……94

CHAPTER 04

換個角度，人際關係不緊張……101

交朋友的第一步，就從笑開始……102

假裝謙虛會有反效果……108

別為他人貼標籤……114

與朋友一起體驗，世界看起來更美好……120

CHAPTER 05

讓世界變好的力量……129

發自內心的分享讓人更快樂……130

學習體會被愛，你會更樂觀……136

說謝謝的力量……144

如何使用這本書

情境漫畫

每章先用漫畫帶你回想這些可能很眼熟，或許曾經發生在自己或是朋友身上的事情，幫助你快速找到「心結」所在！

哇賽聊天室

博士幫你整理本篇重點，分享自己生活中的經驗，再加上收集的學生QA，讓你更好掌握關鍵心技能！

博士心觀點

博士會在這裡向你說明我們究竟遇到了什麼麻煩，以及心理學家為了對付這些麻煩，做了哪些有趣的研究，並提供人們什麼解決方法。

示意插圖

學生還常精采提問，激發博士和助理的創意。

01

避開思考陷阱這樣做

有些想法一直黏在腦袋裡，想甩都甩不掉？購物容易腦波弱買單，時常誤中假便宜雷區？日常中不知不覺竟養出壞習慣？別擔心，只要用點小技巧，抓到關鍵思考點，就能避開這些讓你「卡住」的生活小陷阱！

第01話

越想忘記的事，越容易想起來？

你知道美味的巧克力除了拿來吃，還有別的用途嗎？你一定想不到，巧克力竟然還可以拿來做心理學實驗！

2010年，心理學家詹姆士・厄斯金（James Erskine）以及喬治・喬爾吉歐（George Georgiou）曾經使用巧克力進行一項實驗。他們找來100多名女性受試者，並將她們隨機分成三組，告訴第一組的人不准想到巧克力相關的任何事，但卻告訴第二組的人要一直想著巧克力，而第三組的人則可以想任何她們愛吃的食物，不限定是巧克力。5分鐘過後，再請所有參加者品嘗兩個品牌的巧克力，表面上是要她們選出哪一個口味比較好吃，實際上是偷偷的記錄每一組的人吃了多少巧克力。原來，這個實驗真正要測量的是，越被限制吃巧克力，會不會越想吃。結果出爐，一開始被禁止想巧克力的第一組，竟然吃了最多的巧克力！

從莎士比亞的淒美故事到俄國大文豪的遊記

這個實驗結果聽起來是不是有點似曾相識，就好像是經典的莎士比亞愛情故事，羅密歐與茱麗葉越是被家人阻止在一起，他們對彼此更是難分難捨；在臺上表演出糗，想要忘記那丟臉的一刻，但是那個情節似乎一直

歷歷在目；好不容易下定決心想要減重，告訴自己不要去想蛋糕、餅乾、珍珠奶茶這些美味的高熱量食品了，但是這些美食卻在腦海裡飄來飄去，想要吃他們的欲望卻是越來越強烈；還有失戀的時候，想要忘記對方，但是對方的樣子和過去種種的回憶反而深深刻在腦海裡。

這究竟是怎麼回事？我們越想控制自己不要去做的事情，反而越難以控制。我們可以透過反覆的回想一件事物來把它記住，卻沒辦法把事物輕易的說忘記就忘記，甚至當你越告訴自己要遺忘，印象卻反而更深刻。

這個現象不是現代人才有，而是一直以來大家都會如此。知名的俄國大文豪費奧多爾・杜斯妥也夫斯基（Fyodor Dostoyevsk）在1863年出版了一本《冬季夏日印象》，他在書中記錄自己遊歷歐洲所見、所聞及所想。最重要的是，他提到了一段話：「越是要你不要去想北極熊，北極熊反而會變成一個詛咒，不斷的縈繞在你的腦海裡。」

幾年之後，一位心理學家偶然的在一本書上看到摘錄了這段話，他十分喜歡，甚至激起了心理學家的實驗魂，決定把這句話化為實驗來證明。

越不准想，反彈越大──白熊效應

這名心理學家，是來自美國哈佛大學的丹尼爾・韋格納教授（Daniel Wegner）。韋格納在1987年受杜斯妥也夫斯基激發靈感之後，著手進行一個實驗。他將自願參加實驗的參與者隨機分派到三個組別，並分別給予這三組不同的指令。

韋格納請第一組的人先「不要想到白熊」，5分鐘後再告訴他們「請想白熊」；第二組則是先告訴他們「請想白熊」，5分鐘後再請他們「不要想到白熊」；第三組則是先要求他們「不要想到白熊，萬一想到白熊時，請想紅色的汽車」，5分鐘後，再告訴他們「請想白熊」。實驗過程

中，所有參與者一旦想到白熊時，都要按鈴一次，好讓研究者測量他們想起白熊的次數。

實驗做完之後，結果恰恰好就像杜斯妥也夫斯基在書中所說的那句話，絲毫不差——越是禁止他們不要去想白熊，他們越是忍不住會去想！於是韋格納把這個現象稱為「白熊效應（White Bear Effect）」。

在實驗中，被告知不要想到白熊的人，反而無法壓抑關於白熊的想法，按鈴的次數會比可以自由想像白熊的人還要多。除此之外，第一組的人一開始被禁止想白熊，等到5分鐘過後能夠想白熊時，會出現「反彈現象」，也就是說解除白熊的禁止令後，他們想到的次數會大幅增加。

那麼，我們該怎麼辦樣去避免不願想到的事物？答案是，可以試試像第三組的方法。第三組的人被告知，當他們忍不住想起白熊，請改想紅色的汽車。有了這樣替代的方案，他們在能夠自由想像白熊的階段時，便減少了反彈現象的發生，想到白熊的次數比較少。

為什麼會有白熊效應？

從實驗結果可以知道，當我們越努力想要壓抑腦袋裡的想法，反而越容易想得更多，越無法克制住想法。所以當我們越不想回憶起以前的傷心回憶，越是容易想起；而失眠的時候越擔心自己睡不好，就會越容易失眠。除此之外，當我們越是刻意要壓抑，反而會出現反效果，使那些我們不願再想起的想法更加強烈的浮現。

為什麼會有這種現象呢？首先，當你在告訴自己說「不能想起白熊」時，就已經提起白熊了啊！腦子的運作就是得先想起某個事物，才能夠提醒它不想那個事物。這麼講好像有點玄，不過你想一想，如果你都沒想到過白熊，你需要提醒自己不要去想嗎？想不起來的事情，根本提醒不了。

其次，當你出現了想要忘記的想法時，越是逼自己不要去想、不能去想，就越會形成一種難以察覺到的、「監控自己」的行為。你的腦子會啟動一種機制，無時無刻、隨時隨地監視自己「是不是在想不能想的事情」，結果卻使得那個想要忘記的事情，在腦袋裡印象越來越深刻。那件原本想要忘記的事，一轉眼卻變成了一個緊箍咒。

趕走調皮白熊的絕佳妙招

這樣看起來，難道我們永遠無法擺脫那些我們不願再想起的回憶和想法？別擔心！花了大半輩子研究白熊效應的韋格納同樣也研究出一些方法可以避免這個現象。

例如在剛剛所提到的心理學實驗中，當受試者不需要刻意壓抑想到白熊時，他們想到白熊的次數反而會較少。除此之外，還有一種最簡單的方法，就是轉移你的注意力！還記得「紅色的汽車」嗎？用紅色汽車來取代白熊的聯想，只要有白熊的念頭冒出來，就趕快想想紅色的汽車，如此也能夠減少報復性反彈的現象，想起白熊的次數一樣會變少。

所以，如果遭遇挫折，不用刻意壓抑內心的痛苦想法，就好好痛哭一場，然後趕緊把注意力轉移到其他有趣的事情上，例如幫自己規劃一次旅遊、和朋友去逛街或是打一場線上遊戲，這樣也許能夠讓你早點走出傷痛喔！

你是不是在想恐怖片！

千萬不要想恐怖的東西唷～

哇，是你們逼我想起來的啊！

哇賽
聊天室

雖然白熊效應處處與我們作對，很討人厭，但其實這個效應的存在，也是在提醒著我們要好好的面對問題。有時候我們越想逃避，但問題依然存在、不會消失，一時的逃避是無法從根源解決它的，我們總不可能逃避一輩子，對吧？所以，面對問題，好好接受自己的缺點、好好接納這次做不好的慘痛經驗，下次再努力看看，或是慢慢改善自己不足的地方，讓自己成為更棒的人，也許事情就會有所不同呢！

Q1 所以想要忘掉某件事物，就要一直去想別的事，這樣也是很累耶。

A1 這個利用別的事物忘掉某事物的關鍵，就在於你的「注意力」。只要把你的注意力占據住，不願意想起的事情就比較不會出現了。有許多方法都很有效，像是很多人會去打掃房間，博士我則會去跑步。把你的注意力放在其他地方，這樣就不會一直聚焦在那件你想忘掉的事，而且打掃房間、跑步或其他活動，還會帶來讓環境變乾淨、提升體能等好處，可說是一舉多得呢！

Q2 如果我要上臺比賽很焦慮，一直想著萬一我失敗了怎麼辦，這也可以算是白熊效應嗎？該怎麼辦呢？

A2 沒錯！焦慮時總是會陷入負向想法的循環，怎麼樣也擺脫不掉。這時除了上面提到過的方法外，奧運金牌滑雪好手馬庫斯・瓦斯邁爾（Markus Wasmeie）的方法也可以試試！他會在比賽當中做簡單的數學，從數字999開始減去3進行倒數「999、996、993、990……」，當腦袋被數字給占據了，也就不再想東想西、綁手綁腳。他透過算數學的方式轉移注意力，成功破解了白熊效應！

第02話

克服腦波弱！帶你看穿說服技巧

案例1：「這個免費送你試用看看喔！」百貨公司裡的銷售人員，時常會在人潮聚集的地方贈送試用品。當有興趣的客人收下試用品後，接下來銷售人員會說：「您可以到我們櫃上體驗看看這系列的保養品，效果很好喔！」這時候，客人通常會怎麼回應呢？

是「試用品我不需要了，謝謝！」還是「好吧，既然都拿試用品了，就試試看吧！」呢？

多數的人可能會基於禮貌而選擇第二個回應，看著手上已經拿到手的試用品，總覺得有點不好意思拒絕，因此就答應了銷售人員一同去專櫃試試其他產品。到最後反而買了一堆原本不想買的產品。

案例2：「同學，同學，請幫我填一下問卷，只花您2分鐘，還會送你精美的贈品喔！」補習班的招生人員，熱情的發放著問卷請學生幫忙填寫。學生看看手錶，距離搭校車的時間還有10分鐘，不然就打發時間寫一下好了。「你一邊寫我一邊跟你介紹喔，我們這個課程是……」

大部分的人可能會覺得既然都來填問卷了，邊寫邊聽也不會多花時間，而且又不花一毛錢。殊不知，這一聽下來，竟不好意思打斷招生人員熱情又冗長的介紹，結果錯過了校車。

腳在門檻上效應

　　以上這兩種情況，都是生活中十分常見的現象，一開始推銷員會先跟人聊聊天，提出一個微不足道的請求。等對方答應之後，推銷員接著再提出第二個請求。這次的請求，對方可能會有點猶豫，但是一想到剛剛都答應人家了，現在可不好拒絕了，最後還是答應了。

　　事後被說服的人常常非常後悔，責怪自己笨，怎麼腦波如此弱，這麼輕易就被牽著鼻子走。其實這可不是笨，而是這種說服方法太有技巧了，直接擊中人心的脆弱之處，因此大多數的人都會掉入陷阱而難以招架！

　　心理學有個名稱描述這種現象，叫做「腳在門檻上效應」（Foot-in-the-door-effect）。在網路購物不像現今如此發達的時代，那時候的商品銷售人員為了賣商品，得挨家挨戶拜訪每個住戶推銷。當時那些商品可能是廚房用品、整套百科全書或者是家庭用品、器具等。當住戶聽到敲門聲，把門打開的時候，聰明的銷售員就會先把一隻腳迅速的伸進門內擋著，避免他還沒開始介紹商品，住戶就把門給關上了。

　　這個就是「腳在門檻上效應」的名稱由來。原本的意思是指銷售員只要能讓對方答應開門，把腳踏進他的門檻，那就有很大的機會能

推銷成功。如今應用在心理學上，則表示當我們對他人有所請求時，在剛開始的時候只提出小小的要求，等待對方答應了之後，再提出一個較大的要求，那麼較大要求被接受的機會，就會大為增加，這個效應也叫做「得寸進尺法」。

心理學家的實驗驗證

在1960年代，有兩位心理學家強納森‧弗利曼（Jonathan Freedman）和史考特‧弗瑞澤（Scott Fraser）曾經就「腳在門檻上效應」做了幾個實驗研究加以證實。

首先，他們隨機的撥打電話到住家，並自我介紹說自己是研究家用產品的消費者聯盟成員，想約個時間到家拜訪，了解家用產品的使用情形，這種作法只有22%的家庭主婦同意請求。

接下來，心理學家又隨機的撥打電話到其他住家，一樣向接電話的家庭主婦自我介紹自己是消費者聯盟的成員，想要了解家庭用品的使用情形，不過這次他們問的問題比較簡單，只是詢問這些家庭主婦說他們家裡都用什麼肥皂，大部分的家庭主婦也都爽快的回答了。

過幾天後，心理學家又向第二次聯繫的家庭主婦撥打電話，但這次是詢問是否可以去她們家拜訪，沒想到卻有高達53%的家庭主婦同意這個請求。心理學家幾天前簡單詢問肥皂品牌，竟大大提升下次登門拜訪的機會！

接著，心理學家又進行第二個實驗，這次他們選擇在美國加州的一個小鎮做實驗。他們將小鎮上的住戶隨機分成兩組，並偽裝成一位社區交通安全協會的成員。心理學家拜訪第一組住戶並提出請求，詢問他們是否願意在住家前院打一個洞，樹立一個超巨大且有點醜的「小心駕駛」標語

牌，結果只有17%的人勉為其難的同意。

　　對於第二組住戶，心理學家先詢問他們，是否願意在住家窗戶上貼一個小小的、上面寫著「當個安全駕駛人」的標示。因為影響不大，幾乎所有住戶都同意。

　　兩個禮拜後，心理學家又來到同一社區，向第二組住戶提出正式的請求，是否願意在住家的前院打一個洞，豎立一塊又巨大又醜陋的「小心駕駛」標語牌。結果，已經在窗戶貼了交通安全貼紙的第二組住戶，有高達55%的人答應了這個令人有點為難的要求。

為什麼這樣說服會有用

　　明明同樣是為難人的要求，為什麼先有一個簡單的請求後，就會有如此大的差異呢？「腳在門檻上效應」的形成原因有幾種解釋，這裡提供兩種說明：第一種解釋是，當我們答應對方較小的要求時，會讓我們認為自己是樂心助人的，因此當對方提出第二個較大的要求時，為了維持對自我的看法，也就是相信自己仍然是樂心助人的，就變得較沒辦法拒絕對方。

　　第二種解釋則是，我們會認為第一次是愉快的經驗。當我們同意第一次小要求時，覺得幫助別人這件事本身是好的，並且沒造成自己的不方便或不愉快，因此就樂於答應第二次的要求。

　　假如你時常懊悔自己落入腳在門檻上的陷阱，下次你可以試著鼓起勇氣，一開始就開口向對方說不，不喜歡推銷就別拿試用品、超出能力購買的商品就不需要花時間聽介紹，勇敢的開口拒絕，才不會讓自己在後續陷入更大的後悔當中喔！

哇賽
聊天室

除了「腳在門檻上效應」之外，還有一個概念剛好相反，但是卻能達成同樣效果的效應，叫做「門在臉上效應」（door-in-the-face），是一種以退為進的說服技巧。

先提出一個不合理或是過分的請求，當對方直接拒絕以後，緊接著提出一個較合理的請求，這時候對方會覺得第二個提議聽起來比較合理，因而答應。像博士以前在路上就曾被陌生人請求借錢，他一開口就要借500元，當時我立刻回答沒有這麼多錢。接著他就說：「那50元應該有吧！」因為上個拒絕的理由是說沒這麼多錢，所以博士一時想不到更好的理由，就只能傻傻的借給他，當然，他也沒有還錢。這樣的說服技巧，也提供給大家參考看看，遇到想說服別人的場合，也可以應用看看。

Q1 所以，想請父母買東西給我的話，就可以利用這兩個效應囉？

A1 呃……是可以用，不過效果可能比較差。從文中就可以發現，這裡的請求對象都是「陌生人」。家人因為是很親近的關係，會很了解你的需求跟情況，因此利用這兩個效應的效果就會大幅降低。

Q2 這樣如果要向父母提出請求的話，怎麼做比較好呢？

A2 對熟悉的家人而言，誠懇說明自己的需求是最好的。盡可能讓家人知道你為什麼會需要、你會怎麼使用，以及可以有什麼成果。當你可以完整的說明，父母會認真考慮的。當然啦，讓自己持續維持有好的表現也是很重要的，因為在父母開心愉悅的時候，也會比較容易答應你的請求。

第03話

小事沒關係？
一不小心變大問題

聽過「小花的故事」嗎？有一個慵懶又邋遢的人，生活起居不修邊幅，住在一個髒亂不堪的家中。有一天，朋友送他一束鮮花，他覺得鮮花真的是太美麗了，於是他找出塵封以久的花瓶，將花瓶擦洗乾淨之後，將花束插進花瓶裡，放在桌上擺放著。他看了一會兒，發現桌子滿是灰塵污垢，與美麗的鮮花及花瓶很不協調，於是他將桌子收拾乾淨。接著，他環顧四週，到處都是蜘蛛網和垃圾，和桌子形成了強烈的對比，於是他開始收拾屋內。等待屋子都整理好之後，他看看鏡子裡的自己，蓬頭垢面、衣衫襤褸，實在不配待在如此乾淨整潔的屋子，因此他趕緊將自己梳洗一番，變成了乾淨整潔的模樣。

由於一束鮮花，使得原來髒亂的環境變得一塵不染，原本不修邊幅的他變得煥然一新，無形中也將懶惰的他變得勤勞向上。這個著名的「小花的故事」，告訴我們一束小小的花朵帶給我們的改變卻是如此巨大，美麗的小事物，從小地方開始逐漸影響了我們的環境及內心。

相反的，假若這束美麗的鮮花換成了一束枯萎發霉的花，又會如何呢？想必故事中的主人翁不會察覺那張髒亂的桌子、凌亂不堪的環境以及不修邊幅的自己，有什麼不適合的地方吧？原本乾乾淨淨的房屋還可能變得髒亂不堪，讓垃圾越堆積越多呢！

沒有留意的小事，有可能變成可怕的大事

　　生活中有許多看起來很小、很不起眼的小事，看似影響不了什麼，但最後卻有可能造成嚴重的後果，舉例來說，如果你第一天上學遲到了5分鐘，卻心想反正才5分鐘應該沒關係；接下來，要是第二天、第三天仍然遲到了，沒想到，卻因為每次都想著：「沒關係啦，明天再準時就好了！」，就這樣日復一日，慢慢的再也不準時上學，甚至遲到一整節課也毫不在意。

　　又或者，當你準備要出門了，著急的從衣櫃裡隨意抽出一件衣服，沒有整理就直接離開。下一次又趕著出門的時候，再同樣隨手找另一件衣服穿上……一次又一次的，原本井然有序的衣櫃變得雜亂無章，漸漸的，那個堆放一團又一團衣服堆，讓人看了心情很糟，但也因為太亂所以越不想要整理，衣櫃彷彿成為一個神祕的結界一樣，讓人不想靠近，也更不容易找到想穿的衣物，連帶整個房間凌亂不堪。

　　上面兩個例子告訴我們，一個看似輕微的不好行為會慢慢的影響你，逐漸變成一個長期的壞習

有些小疏漏必須及時補救。

就像手機螢幕如果有破損又沒修，往往會變得越來越不珍惜它……

難怪我的手機螢幕越裂越大！

慣，讓你的生活品質變得越來越糟。

可別以為這些個人行為只會影響自己喔！因為個人行為會逐漸滾雪球變成壞習慣，而這些壞習慣也會在不知不覺間，開始影響周圍的人。有時候，一個人的舉動，甚至也可能帶頭造成整體環境變糟。

你可能曾經留意過這樣的情景：路旁一面原本乾淨的牆壁，起初只是出現一點點小塗鴉，漸漸的，牆上就會出現越來越多塗鴉，到最後整片牆被畫得亂七八糟，根本看不出來牆壁原貌。

又或者，原本一條很乾淨的街道，人們會不好意思亂丟垃圾，但是一旦街上開始出現垃圾之後，一開始可能只是某個人丟一張垃圾，其他人也會開始想著：「那邊已經有人丟飲料罐了，那我丟一團衛生紙應該也沒關係吧？」於是，街道開始變得髒亂，人們就會毫不遲疑的亂丟棄紙屑或垃圾，街道最後變得髒亂不堪。從這兩件事都可以看出，一旦人們出現不好的行為時，沒有及時制止，最後就變成了難以善後的結果。

你可能覺得這只是跟那個區域的居民有沒有公德心有關，應該不是因為單一個人行為造成的吧？相信接下來的實驗會提供給你不一樣的想法！

心理學家辛巴杜破壞汽車的實驗

1969年，有一位心理學家菲利普・金巴多教授（Philip Zimbardo）曾提到，他和他的同事買了把兩輛一模一樣的二手車，分別停放在紐約大學的校區附近，以及另外一個出入分子複雜、龍蛇混雜的社區。他們把這兩輛汽車的引擎蓋打開、拆掉車牌，偽裝成沒有主人的報廢車，觀察這兩輛汽車整整64小時，看看最後會變得如何。

結果，還不到10分鐘，放在龍蛇混雜社區的那輛汽車，就迎來了第一批「客人」。那是一家人，爸爸、媽媽還有一個年幼的孩童。媽媽負責盯

哨，而孩童負責將工具遞給爸爸，讓爸爸把汽車的電池、散熱器等等有價值的東西從汽車上拆下來。接下來的26小時內，持續有人拆下汽車值錢的零件，如空氣濾淨器、收音機天線、擋風玻璃雨刮器、輪胎及一罐汽車蠟等。

根據心理學家持續64小時的觀察，他們發現大多數的人都是在白天破壞這輛車子，而不是晚上。成年人傾向將這輛車裡頭有價值的零件拆卸下來，但這些成年人看起來都是衣冠楚楚，不像是會偷東西的樣子。而年輕小夥子則享受打破車窗、刺破輪胎的樂趣。

然而，停放在紐約大學校區附近的汽車，即使經過一週後，仍然完好無缺。心理學家甚至還觀察到一個畫面：當天空開始下雨時，有一個路人經過這輛車子時，好心的將引擎蓋關上。原來他是怕雨滴進了引擎室，弄壞了車子！

接著，金巴多教授決定做一個驚人之舉，他找來兩名學生，邀請他們拿槌子來破壞這輛汽車，並偷偷的觀察是否有其他人會仿效他們行為。一開始，學生對於第一下的破壞有點猶豫、遲疑，但隨著第一下的破壞開始之後，接下來他們發了瘋似的開始破壞這輛車，跳上了車頂踩踏、擊碎所有玻璃。

接著開始有路人也加入破壞的行列，把車子翻了個四腳朝天。最後，這輛原本安好的汽車，被破壞殆盡、孤零零的躺在街角。一直到晚上12點30分，都還有三個拿著鐵棍的年輕人猛力的敲擊這輛汽車，他們發出了巨大聲響吵到附近的住戶，因此被制止。

當時金巴多教授下了一個結論，他認為人會出現破壞的行為，最主要是由於兩個因素：第一，其他人不認識你、不知道你是誰；第二，在夜晚或是一群人一起搞破壞，比較容易出現這類破壞的行為。

破窗效應理論

1982年，詹姆士‧威爾森（James Wilson）和喬治‧凱林（George Kelling）這兩位犯罪學家根據金巴多教授的實驗，提出了「破窗效應」（Broken windows theory）這個概念。

破窗效應是指：如果有人打破了一個建築物的玻璃窗，而這扇窗戶又沒及時的被修好，路人經過後多半會認為這是一個廢棄且沒人管理的屋子，因此就可能會有樣學樣的去打破其他窗戶，或是破壞其他區域。

就如同金巴多教授的實驗中，原本停放在紐約大學校區的車子是沒有人去破壞或偷竊的，但在故意把汽車敲壞之後，就開始有人去偷竊汽車裡的東西，甚至是破壞它。

2009年在國際知名的《科學》期刊上，發表了一個研究，也發現確實會有破窗效應現象。例如該研究在一個原本乾淨的街道牆面上隨意加了一些塗鴉後，很快地就會有其他塗鴉出現。在腳踏車停放處的地面如果有多張傳單丟棄，其他人也會更輕易的把自己車上的傳單也丟在地上。

這些都顯示環境的維持有賴於大家的關注，不能因為已經有點破損了就不在意，甚至一起加入破壞。有一句古語說：「勿以惡小而為之」，就有同樣的意涵。一件不好的事情在剛開始還不嚴重的時候，就要及時加以遏止，避免事情更加惡化，否則就可能快速的擴大。

這也同樣在告訴我們，在生活中應該隨時反省自己的言行和習慣，當發現自己有一些不好的地方時就要及時修正，像是房間稍微亂了一點點就要開始整理囉，以免越來越亂，，最後讓整個房間變得跟垃圾場一樣難以收拾！

哇賽
聊天室

　　破窗效應還有一個值得反思的地方：別人做了不好的事，其實我們可以不需要跟著加入。博士有一次去到一個夜市遊玩，買了東西邊逛邊吃。吃完後發現一時之間找不到垃圾桶，轉頭一看，地上散落著大大小小的塑膠袋、紙袋等垃圾，顯然有很多遊客都跟我一樣，吃完後找不到垃圾桶，最後就隨手扔在地上了。

　　看到這景象，我確實也有想過把垃圾隨手丟掉，想著大家都這樣我也跟著丟應該沒關係，不然拿著垃圾逛街好麻煩。但下一秒就想到了今天講的破窗效應，我問問自己：別人做了不好的事情，那我也要跟著做嗎？答案當然是不！所以那次我就拿著吃完的垃圾走了一段路，直到找到垃圾桶才丟掉。下次當你面對「要不要從眾做小小壞事」的誘惑時，請一定要仔細想想考慮清楚可能帶來的惡果，以及還有沒有更好的做法等，千萬別輕易落入破窗效應的陷阱喔！

我知道了，總之就是不能抱著「沒關係」的心情做不好的事。

畢竟不對的事終究不對啊。

Q1 我看家裡附近有輛很老舊的車子，停了好久也都沒事啊，這個效果真的存在嗎？

A1 人的心理與行為會受到很多因素影響，破窗效應屬於一種外在環境因素，其他像公民教育程度、倫理意識，都會左右破壞性行為的發生頻率。就像是雖然很多人逛夜市時會亂丟垃圾，但還是有人不會從眾，願意保持環境整潔。所有的效應都是指一種傾向，代表這原理會讓人較容易發生特定的行為，但不是絕對、百分之百。

Q2 有沒有什麼建議，能讓我以後避免不小心就做小惡呢？

A2 平常最好盡量讓自己都養成好習慣，例如垃圾會立刻丟進垃圾桶而不要堆放。久了以後，你就會覺得垃圾理所當然要在垃圾桶，在別的地方就會感覺怪怪的，因此就不會隨手亂丟了。

好習慣也會有加乘效果，就像本章最開頭的故事，小的好事一件帶一件，就會變成正向的生活循環。

第04話

破解假划算！
大腦有偷懶盲區

　　國際知名社群平臺X，前身為推特（Twitter），主要功能是讓人們可以在網路上留下短訊息與轉貼文章，在發源地美國是極為廣泛使用的社交社群網站。

　　後來美國企業家、特斯拉汽車創辦人馬斯克（Elon Musk）在2022年收購了推特，成為推特的執行長。收購初期，他看起來野心勃勃，即將對這家公司大刀闊斧，宣告他將帶來更良好的營運模式。

　　當時有消息傳出，為了讓推特增加營收，未來會針對有官方認證，也就是有藍勾勾的帳號，從原來每個月收取4.99美元月費，漲價至每月收取20美元的費用。

　　漲價消息一傳開，許多原來就有藍勾勾的名人、作家等公眾人物，紛紛表達強烈的不滿。光是一個藍勾勾，一個月竟然要收取20元美金，實在太昂貴了。就連美國知名的暢銷小說作家史蒂芬・金（Stephen Edwin King）也忍不住公開抱怨，這藍勾勾的月費實在超出公道價格！

　　結果，不久之後，馬斯克向眾人宣布：「未來擁有藍勾勾的帳號，每個月只要收取8美元！」大眾開始覺得與20美元相比，8美元顯得優惠許多了，抗議的聲浪也逐漸降低。然而大家都忘記了，本來的藍勾勾可是只要4.99美元就好！

經典的iPad訂價表演

類似社群平臺藍勾勾價格操作的例子，其實不是新鮮事。已故的知名企業家，蘋果公司的創辦人史帝夫·賈伯斯（Steven Jobs）在2010年發表第一代iPad時，也這麼做過。

發表會上賈伯斯輕鬆的躺坐在舒適的黑色皮椅上，展示如何操作iPad。他告訴大家，這個新裝置有著超強大的作業功能、超持久的電池續航力，輕輕鬆鬆就可以隨時隨地上網瀏覽或看影片，簡直完完全全替代了笨重的電腦。賈伯斯極盡所能展現這臺iPad的本領之後，大眾正處在震驚之中，還在思考這猶如書本的玩意竟然有這麼多功能時，賈伯斯突然問大家：這臺iPad的價格應該如何訂定呢？

在當年，iPad可是極為創新且劃時代的產品，完全沒有其他商品的價格可做為定價的參考，所以臺下的觀眾對於iPad的價值根本是毫無頭緒。緊接著，賈伯斯自顧自的回答：「如果依照專家的看法，它值得販售999美元。」賈伯斯身後的投影螢幕同時顯示著大大的「999美元」。

正當眾人以為這臺iPad定價就是999美元時，沒想到賈伯斯又說話了，他說：「但我要跟大家宣布，iPad的價格不是999美元，而是499美元！」身後的投影螢幕，隨後出現大大的499美元，取代了原本的999美元。觀眾一聽都瘋狂了，想當然的，iPad的銷售情形出奇的成功，時到今日，幾乎每個人手上都至少會有一臺iPhone或是iPad。

馬斯克及賈伯斯所使用的行銷技巧是相當常見的，他們偷偷的操弄了消費者的大腦，讓我們誤以為商品十分划算而買帳，究竟他們使用的技巧是什麼原理呢？讓我們透過心理學來揭開謎底吧！

心理學家的轉盤實驗

你或家人曾有過這樣的經驗嗎？在商店裡看到一個商品很想買，於是詢問了一下價格，老闆說原價是599元，但今天特價400元，你一聽有優惠，於是不假思索的掏錢買了下來。過幾天後，你又在別的地方看到同樣的商品，卻發現它的原價竟然只有350元，於是開始懊惱為什麼當下就立刻結帳，沒有貨比三家，而是聽到老闆的說詞就買單了呢！

這個情形在我們買東西時很常發生，也與馬斯克及賈伯斯使用的行銷手法一模一樣。為什麼人們總是那麼容易受騙上當呢？其實，這與我們的聰明才智一點關係也沒有，這一切只是因為我們的大腦想偷懶而造成的！

1974年，特沃斯基（Amos Nathan Tversky）與康納曼（Daniel Kahneman）這兩位心理學家，設計了一系列的實驗來了解人們是如何做決策，特別是與數字有關時，我們是如何做決定的。

他們找來了一群大學生，讓他們先轉動一個標示了0到100的輪盤，但其實這個輪盤被動了手腳，不管怎麼轉，都只會停在10或65這兩個數字上。轉完輪盤後他們都會被問同樣一個問題：「你認為聯合國中，非洲會員國的比例是多少？」。結果發現，輪盤轉到65的學生，估計非洲會員國的比例平均起來是45％；轉到10的學生則平均起來估計為25％，兩者將近差快一倍，為什麼會有這樣大的差異呢？

其實，心理學家所問的問題很冷門，一般大學生通常難以正確回答出這個問題，只能依靠猜測來回答。而在需要一個數字做為答案時，會不知不覺的被剛剛轉輪盤得到的數字給影響，並以這個數字當作回答問題的參考標準，所以轉到65的學生所猜測的答案數值，就會比轉到10的學生還要來得高。為什麼會這樣呢？

原來是我們的大腦在偷懶

透過這個實驗可以發現，人們在做決定時，往往會將先前所取得的訊息當作一個參考標準，然後再逐步修正。這就好比是一艘要靠岸的大船，得先將錨拋下海底，然後慢慢移動船身，才能安全靠岸一樣。因此人們做決定時所產生的這個現象，也就被稱為「錨定效應」（Anchoring Effect）。

現在許多商品有定價和折扣價，這就是一種錨定效應的做法嗎？

你說的沒錯，標示原價以及促銷價，就是希望讓消費者有「變便宜」的感覺喔！

原價：550元
促銷價：499元

特沃斯基和康納曼認為，當人們在做決定時，大腦會傾向使用可以快速得到答案的方法來做決策，畢竟每天從我們張開眼睛開始，大腦就開始不停的運作，幫我們做每一個決定。就算是早晨例行的刷牙洗臉，也是依靠大腦努力的工作，我們才能順利做出每一個動作，也才能避免不小心在浴室跌倒，或讓牙刷掉進馬桶。

因此，大腦會自動發展出許多可以投機取巧的「省事」方法，來維持它該有的功能，而「錨定效應」就是其中一種簡單又快速的方式。拿前一頁買東西的舉例來說，當店家的老闆告訴我們商品原價599元，我們自然就會以這個價格為基準去評估，接著知道可以用400元的價格買到手時，當然就會覺得好划算，便很開心的掏出錢包，不會去思考這個商品的定價有可能是更低的。

只要我們弄懂錨定效應背後的原理，我們就能知道如何破解這種價格迷思！錨定效應之所以會產生效果，主要是因為「比較」的心態。一旦我們發現後者比前者低，就會覺得後者一定比較划算。因此我們要努力拋開「比較值」的自動化思考，並且去思考「絕對值」。

也就是說，我們應該要留意「花了多少錢」，而不是透過「省下多少錢」的思維去衡量商品的價值。或者是當你察覺對方拋出錨時，在大腦直覺式思考，想要一口答應對方前，趕緊踩剎車，告訴自己緩一緩，仔細思考有沒有哪裡不對勁。

此外，我們購買商品時，也應該好好事前做功課。我們可以透過便利的網路資訊的查詢價格，便可得知商品現階段的行情價位。這樣一來，如果遇到了不肖商人想施展錨定效應來呼攏你時，便可以馬上看破對方的伎倆，成為一個理性的消費者！

哇賽
聊天室

你有沒有中過定價陷阱，或是被生活中類似的錨定效應擺過一道？博士曾經為了買空氣清淨機，想到一個最大的購物網正在優惠，而且商家還有額外回饋，便打定主意上這個平臺去選購。然而，我在下訂單前突然想到：這真的有優惠嗎，有沒有別的地方價格更低呢？一搜尋才發現，有不少其他的平臺的價格更划算啊！由於現在網路資訊非常多，大家找資料的時候可能會有些疲勞，以至於很多人都習慣用最快的方式去購買物品。當商品金額小的時候，可能沒有太大的差異，畢竟方便性也是很重要的，但是如果需要花大錢，最好多找一些參考資訊比較，這樣才不會受到錨定效應影響，多付令人心疼的金額喔。

Q1 一般商品被提高售價很容易被發現吧！哪一類較容易被操作錨定效應呢？

A1 錨定效應主要會發生在「無法估計」的情況下，所以像是文具，例如我們大概都知道一枝普通的鉛筆多少錢，如果它的定價500元就會覺得很異常。但像是藝術品，例如拍賣一個古老的名畫，這種物品因為稀有，並且沒有可供比較的資訊，就很容易受到錨定效應的影響。

Q2 錨定效應有沒有消費行為以外的例子呢？

A2 可以參考這篇文章的開頭漫畫。我再舉個例子，例如有次剛考完試回家，媽媽問你考得如何，你有點低落的回答考得不是很好，大概只有70分吧。過幾天發考卷，媽媽一看你考了80分，於是就說「考得還不錯嘛」。但其實你本來都會考85分以上，只是這次先給媽媽比較低的預期，這也算是一種錨定效應。

相信對的事，
做出好決定

當你做決定前，需要參考資料時，你會選擇
那些來源？星座或坊間心理測驗真的準確
嗎？專家說法或媒體報導的特殊現象值得相
信嗎？還是我們應該選擇大家趨之若鶩的選
項？這個章節將帶你理性思考，幫助你做出
適合自己的判斷！

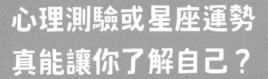

第05話

心理測驗或星座運勢
真能讓你了解自己？

　　2019年8月，有一位來自印度、名為阿南德（Abhigya Anand）的青少年在網路影音平臺上傳了一部影片，說明自己透過占星術，預言2019年11月起到2020年4月，世界將會發生大災難。2019年底，世界各地確實爆發了嚴重特殊傳染性肺炎（COVID-19）疫情，於是這位預言家開始聲名大噪。

　　緊接著，阿南德預言2020年12月會面臨更大的災難，之後英國果然開始出現傳染力更高的肺炎新變種病毒株；他也預言黃金、白銀等貴金屬及加密貨幣是投資的最好選擇，不久後，黃金和加密貨幣價值節節飆升，許多人都認為阿南德的預言十分準確，並且深信不疑。

　　直到最近，阿南德最新的預言表示，全球在社會、經濟、政治及自然環境方面會有重大巨變，且未來20年將會因乾旱而糧食短缺，爆發糧食危機，並提到因為人類長久以來都濫用農藥及化學物質，造成土地汙染，大自然很快會以「綠色革命」回敬給人類……

人們忽略了沒有命中的預言

　　看到這裡，你是不是覺得阿南德的預言真是神準，開始慌張不安，準

備囤積糧食了呢？

先別著急，實際上阿南德也曾預言過很多事件，但並沒有實際發生。例如2020年美國、伊朗及巴基斯坦在中東國家引發第三次世界大戰，並因戰爭造成石油飆漲；2021年會發生世界經濟大崩盤等。然而人們往往只會記得命中的預言，因為這些已經發生的事較令人印象深刻。

阿南德所傳達的理念中，有一部分確實是正確且良善的，提醒我們要珍惜自然環境及資源、多吃有機食物、保護動物、不要沉迷電子產品、關心心理的健康等，這些都是時常聽到各個領域專家學者們所持續宣導，真的對我們有所助益的。

然而，若仔細的去了解阿南德的影片，你會發現他所預言的內容大多說得籠統又模糊，且預言事件發生多數是落在一個長達數個月的時間區間。以2019年第一部20幾分鐘的影片為例，雖然我們都認為他精準的預言了肺炎疫情，但實際上只有短短幾句話粗略的提到全球傳染病。就這樣斷定他的預言十分準確嗎？實際上也不是，感覺其中隱含了猜測及機率的色彩，許多事件發生之後，我們好像會自己把答案套進他的預言裡，就認為他的預言精準得可怕。

心理學家製作的超神準問卷

除了占星術預言之外，你一定也看過報章雜誌的版面充斥著類似以下的內容：

「只要3分鐘，就可以知道你的潛在人格！」

「雙魚座今日運勢：小心漏財！」

「透過手紋，透析一生的命運……」

各種星座運勢、流年分析及心理測驗，宣稱超精準，洞悉你的一切，

讓你順利消災解厄、逢凶化吉。如果是這樣，想必那些星座專家、命理家或是預言家，必能一生幸運又順遂，躲過許多大大小小的災難，對吧？

1949年，一位名為佛瑞（Bertram Forer）的心理學家，有一天在課堂上告訴學生，自己設計出一個叫做「興趣診斷問卷」，可以測出一個人的興趣、嗜好及人格等特質。學生都感到十分有趣，很好奇也很想了解自己到底是一個怎麼樣的人。

於是，佛瑞讓班上39名學生都填寫這份問卷，並跟學生說在一星期之後，每個人都會收到屬於自己的分析結果報告。一週過去了，每個學生都拿到自己的分析結果，佛瑞便要他們為這個分析結果打分數，從0分代表非常不準到5分代表非常準，來看看這個測驗到底準不準確。

結果發現，大部分的學生都給了這份報告相當高的分數，平均分數高達4.26分，這表示學生都認為這是一個非常準確的測驗！

這麼厲害的問卷，你一定也很想測驗看看吧？但是，你可能要失望了。在這個佛瑞精心設計的心理學實驗中，他提供給每一位學生的分析結果，其實都是一模一樣的！

每一個人收到的分析結果，大致都像下面這樣的描述：「你希望受到他人喜愛，但卻對自己吹毛求疵」、「許多時候，你會懷疑自己是否做了對的事情或正確的決定」、「有些時候你外向、親切；有些時候你卻內向、謹慎而沉默」等描述。

咦，這些描述聽起來好像真的有這麼一回事，好像真的是在說自己呢！其實，這些敘述是佛瑞從路邊攤隨手買來的星座書裡隨機摘錄下來的，根本也不是什麼正式的心理學測驗，或是專門為誰量身打造的描述。仔細閱讀你會發現，這些描述都是很模糊不清且模稜兩可的。佛瑞因此發現，只要用一些很廣泛、很模糊的語句來形容一個人，大部分的人都會對號入座，覺得那就是在說自己。

巴納姆效應

在佛瑞進行實驗之後，另一位心理學家米爾（Paul Meehl）針對這個現象寫了一篇文章，並把這個現象稱為「巴納姆效應」（Barnum effect）。

這是以一位著名的馬戲團團長巴納姆先生（Phineas Taylor Barnum）的名字來命名。在當時，巴納姆先生的馬戲團事業經營得非常出色，他總是能想出很棒的點子，吸引大家前來觀賞表演。坊間盛傳巴納姆曾說過一句話來形容人們爭先恐後的買票欣賞他的馬戲團表演：「每一分鐘都有一個傻子誕生！」米爾覺得佛瑞的實驗結果，似乎能呼應巴納姆的馬戲團表演總是有人乖乖買票進場，於是將這個現象稱為「巴納姆效應」。

不管是星座、生肖、血型，還是雜誌上的好玩心理測驗，只透過幾句話就可以描述一個人的個性、背景或人生，聽起來還真是讓人覺得不可思議呢！畢竟，全球70幾億人口，怎麼能夠僅僅透過簡單的幾個問題和幾種類型就把人們都給分類了呢。

其實，只要別過度迷信，輕鬆看待這些小測驗，當作休閒娛樂是無傷大雅的。但要記得的是，最了解自己的還是自己，而不是其他素昧平生的陌生人，那些短短的三言兩語，是無法完全形容自己是一個什麼樣的人，你說對吧？

哇賽
聊天室

　　坊間的心理測驗很有趣，但最好不要對解答照單全收。博士之所以會開始對心理學感興趣，其實也是從這些號稱心理測驗的遊戲開始的，像是：「想像你走進森林裡，第一隻看到的動物會是什麼？」如果是馬，就代表你很溫馴；如果是狗，就代表你很忠誠之類的。一開始我覺得這很有意思，但接著我就想，為什麼馬會代表溫馴呢？搞不好是因為我很累，所以想騎馬趕路啊。多想一下，就知道這種測驗只能當作娛樂，玩一玩、笑一笑而已，別當真。玩這些遊戲時，你也可以練習想想看，除了既定答案以外，是不是有其他的可能性？在接收新資訊的時候，練習多給自己一分鐘，多思考這些資訊背後的原因，這樣的腦力激盪會讓你的大腦更習慣獨立思考喔。

Q1 所以那些占星術、算命之類的都是假的嗎？

A1 不能單純用真、假來論斷占星或算命，知識流傳長遠必然有背後的脈絡跟道理。只是如果要套用在科學思考來論斷的話，必然需要具備「可驗證性」才行。例如預言我今天運氣很差，但什麼程度叫做差呢，走在路上跌倒算嗎？要找枝筆寫字筆芯一直斷掉算嗎？開車很常遇到紅燈算嗎？人不可能一整天運氣都很好，情緒感受上必然會起起落落。因此若要套用在科學來看真假的話，必須要清楚界定標準是什麼，不能模模糊糊的。

其次，如果我不覺得今天有運氣差，但書上卻說這是因為你有聽我的話，改變了你的運。覺得運氣差就是他說對了，覺得沒有運氣差就是有看到他的提醒而改變了，這種「什麼情況都有它的道理」，也就不具備可驗證性了。

第06話

哎喲喂呀。

你還好嗎？

前兩天我奶奶帶我去一個神祕的地方「喬」筋骨，說會幫助長高。現在我超級痠痛的。

這個……可以相信嗎？

奶奶說隔壁鄰居的小孩做完長高10公分，叫我要堅持後面療程。

該不會別人只是剛好抽高而已吧？

很有可能喔，畢竟「喬」完抽高可能只是特殊案例。

如果100個人去，有85個人都長高，那才比較可信。

對嘛，我要跟奶奶說長高還是靠基因啦。

當然你也可以參考我的方法看看，我當初每天喝5杯牛奶，跳繩2000下……

不用照博士的極端作法，他這個也只能算特殊案例啦。

保持理性，別輕易相信特殊案例

「自從我戴了這個能量手環，好運都來了，還賺了好多錢耶！」

「吃了這個品牌的葉黃素，我的近視都好了！」

「這個牌子的減肥藥，讓我一個月瘦了5公斤！」

打開電視或社群平臺，很容易能看到這類型的廣告，不見得是名人分享心得，大多時候反而是邀請一位看起來像隨機招攬的路人，講述自己使用產品的心路歷程。

這時觀看著這些影片的人，可能會有一個想法出現：「連這些叔叔、阿姨都現身說法表示產品有效了，那一定很有用！」於是，觀看者便拿起手機撥打電視上的購買電話，或直接點進網路頁面訂購產品。

現在要請你想想看，生活中另一種例子：新聞報導某位兒童接種疫苗後，產生極大的不良反應，緊急送醫搶救。大多數的家長看到這則報導，深怕自己的孩子在施打疫苗之後也會產生一樣的嚴重反應。於是，這則報導出現後，家長帶著家中幼兒施打疫苗的意願一定會大幅降低。

上面兩個例子看似毫無關聯，實際上，它們背後都有同樣的因素在影響著我們做理性的決策，那就是：「人們傾向相信個案，而不是數據」。

經典實驗：湯姆是工程師或律師？

這是什麼意思呢？先讓我們從1974年心理學家特沃斯基（Amos Tversky）和康納曼（Daniel Kahneman）一起進行的一個實驗來介紹。

首先，心理學家告訴一群人說：

「湯姆是一名45歲的男性，個性保守、謹慎，但有野心，他對政治、社會議題並不感興趣，大部分時間都花在木工或是解一些數學的難題。」

研究人員連帶說明，湯姆是從70%是工程師、30%是律師的群體中挑選出來的，接著詢問這群實驗參加者，認為湯姆的職業是工程師還是律師？極大部分的人聽完描述之後，都會認為湯姆是工程師。

接下來，研究人員告訴另一群人有關湯姆的相同敘述，但是這次改變數據，告訴他們湯姆是從一群70%是律師、30%是工程師的群體中挑選出的。研究人員發現，即便湯姆是律師的機率比較高，但是大部分的人仍然覺得湯姆應該是工程師。

由於大部分的人認為湯姆符合印象中工程師特質，而忽略了群體的比率因素，認定他是工程師，這就是我們平常都習慣使用的一種思考模式。

理性可以提供證據，感性卻能有效說服

社會中總會有許多來來去去的科學議題，從基因改造、食品安全到能源議題，每一個都能看到正反兩方戰到天荒地老。很多時候，我們會看到有一方總是主要訴諸理性與數據，另一方則是走感性與經驗的路線。

這類爭議總是很難有結論，理性方每每準備好詳盡數據與論述來回應，感性方則是以打動人心的故事來說服大眾。很多站在理性方的人難以理解，明明證據都擺在眼前，為何就是有那麼多人不願意接受，一兩則個

案的經驗並無法代表全部，大範圍的抽樣或是數據才有可信度，不是嗎？

假若你就是選擇相信數據的人，先別氣得七竅生煙；而若你選擇相信案例的人，也別先沾沾自喜。多來年，心理學家深入研究我們大腦的思考模式，並找出背後運作的機制。

心理學家費勇（Angela Freymuth）以及羅南（George F. Ronan）在2004年做了一個實驗，他們找了317名大學生，聲稱研發了一種新藥，要請他們評估願不願意使用這個藥物。

根據被分派的組別不同，大學生所接收到的治癒率數據與個案經驗資訊也會有所不同。他們被告知這個藥物經臨床測試的結果，治癒的成功率分別是90%、70%、50%與30%。同時他們也會被告知一位個案接受藥物治療後的情況，個案的狀況有可能是良好、不佳或不確定，相關說明分成三個類型，如下：

第一類：個案情況良好

強生使用這個藥物後成效很好，病毒都被清除了，醫師認為病情不會再復發。治療完一個月後情況良好。

第二類：個案情況不佳

強生使用這個藥物後成效不好，病毒並沒有完全被清除，醫師認為病情還在持續。治療完一個月後，強生失明了而且失去行走的能力。

第三類：個案情況不確定

強生不確定使用藥物的選擇是不是對的，醫生也無法確定病毒是否都被清除了，同時也無法肯定病情是否還會持續。治療完一個月後，強生的情況時好時壞。

每位參與者都會像這樣，被告知關於藥物成功率以及一位個案使用的情況。理論上，決定要不要服藥應該著重於藥物的成功率，畢竟藥物的成效是經過臨床實驗驗證來的，個案因為只有一個例子，所以參考價值應該比較低才是。

然而，實驗結果卻是發現，同樣是一群了解藥物有90%成功率的參加者，如果接收的是失敗案例的說明，他們對藥物使用的意願就會由88%銳減為39%，這可是相當驚人的差異啊！

更有意思的是，同樣是告知成功率只有30%，若再額外加上一個失敗的案例，那麼接受程度就會低到只剩下7%。反過來，若是在藥物成功率只有30%的那群參加者中，告知成功案例的話，接受藥物的意願就會爆增到78%！

把其中兩個比較極端的例子獨立列出來，會比較清楚：

90%成功率+失敗案例=39%接受度

30%成功率+成功案例=78%接受度

這些實驗結果告訴我們，某一位個案的成功與否，大幅度影響了參與者願不願意接受治療的程度。幾乎是只要有成功個案就很容易接受，相反的，如果被告知的是失敗案例的話，會影響受試者的接受度，他們通常就會很難接受。這樣看來，即使理性數據派的人雖然手中握有實實在在的實驗依據，但得到的結果卻是全面潰敗啊！

接受藥物意願	藥物成功率			
	90%	70%	50%	30%
個案結果好	88%	93%	93%	78%
個案結果不確定	81%	81%	69%	29%
個案結果壞	39%	43%	15%	7%

理性不是全然天生的，我們得更努力才行

為什麼會這樣呢？我們來假想一個情況：如果要你對一個不識字、不懂統計學概念的人談上述的實驗，是講案例比較容易，還是讓他理解數據比較容易呢？

當然是前者。對於他人經歷的理解，幾乎是每個人都能做到，這或許是生物本能之一，大腦採取了一種快速又便捷的方式來理解事件。然而對數據的解讀與理解卻是需要後天學習的。所以說理解個案比理解數據更容易、更快速。

既然人們生來就有這種不理性的決策，我們又該怎麼辦呢？

固然天性影響行為甚大，但後天學習才是決定人最終將會成為什麼樣的關鍵。天性的影響正說明我們必須非常認真的培養科學素養，不過唯有透過後天學習來增強理性的部分，才能夠盡量做出相對合理的決策！

哇賽
聊天室

　　前面所提到的個案效果經常被運用在推銷產品上，往往不需要請多有名的人出來推薦，只要找出一兩位個案站出來，說他用了這個產品多久，就產生神奇的效果，這樣就能達到目的了。因為對產品效果抱持著不確定心態的人一看到成功個案後，很容易就被說服而購買，這是消費心理學的絕妙手法之一。所以在電視購物、網路平臺看到某個產品多厲害，要打電話或刷卡之前，請先想想：這效果是個案還是大部分使用者的結果呢？千萬別因為個案就以為自己也適用啊！

蒐集多一點資料再思考、行動，不但能讓自己保持理性、也能較有說服力！

千萬別讓一兩個特殊個案影響自己的判斷，要記得搭配真實數據驗證，才不容易做出讓自己後悔的決定喔！

Q1 大家都看個案經驗，這樣子做科學研究、整理數據不就沒用了？

A1 也不是這麼說，或許我們可以反過來看，只有個案經驗的話，說服的理論基底就很空泛，但如果加上數據支持的話，說服的效果就會再提升，能讓理性跟感性兼具是最好的。

Q2 如果要學會理性思考，不要被個案影響，那該怎麼做呢？

A2 博士最常有的思考是：這有科學研究或是調查支持嗎？如果沒有的話，信任度就會打折扣。當然也不是所有事物一定都要依照數據支持來做，就像是選舉時雖然知道自己支持的候選人支持度不高，但我還是會投給他。在重要的選擇時，用比較宏觀、理性的方式去思考，通常可以有比較好的結果。

第07話

專家這麼多，
我該相信誰？

我們都知道，抽菸以及吸二手菸會對我們的健康造成危害，可能引發肺癌及呼吸道相關疾病，甚至政府部門也制定相關法規來遏止國人抽菸比例逐漸升高的現象，世界各國都是朝著降低吸菸率的目標在努力。

但是，你知道嗎？大約在1980年代的時候，世界上規模最大的菸草公司菲利普莫里斯（Philip Morris）進行了一個項目，叫做「白袍計畫」，目標是要「降低抽菸的限制」並「提升抽菸者的意願和信心」。

聽起來很不可思議，對吧？這家公司可是來真的，從這個計畫名稱就大概可以猜得出來他們想做什麼了，他們想找那些「穿白袍的科學家」來告訴大家，抽菸不是如大家所想的那麼糟糕，進而說服大家抽菸！

專家的話比較容易說服他人

他們先找來其他家菸草公司一起支持這個計畫，規劃在幾個重要的菸草消費國家，例如美國、歐洲、澳洲及西班牙等建立一個科學家和律師組成的團隊，來執行宣揚抽菸的好處。

相信正常的科學家都不會想做這件奇怪的工作，所以菸草公司為了不要嚇跑科學家，列了一份科學家名單，資格條件是過去從來沒有針對菸害

問題提出意見的科學家。菸草公司試探性的詢問這些科學家，是否對於室內空氣品質的問題感興趣，並根據他們的回答來篩掉潛在的反吸菸者。

到了1990年，菸草公司宣稱他們的計畫相當成功，不僅有政客及科學家願意為他們背書，而且菸草也被中東國家採納為一種醫療指引，還提到有科學家認為造成肺癌的原因不是因為二手菸，而是養了寵物鳥，並且準備進行研究。

「抽菸不會致癌，鳥類的糞便才會！」若這句話是從一位菸草商口中說出來的，你一定會覺得菸草商真是無良，罔顧眾人的健康，只想著要販售他的商品。但假如這句話是出自一位穿著白袍的醫生或是科學家之口，說服程度瞬間升高許多，效果可說是天差地遠，相當驚人。

除了二十世紀的例子以外，近期也仍有類似的事件。在COVID-19疫情開始爆發之後，一名宣稱在免疫學、細菌學及病毒學等專業領域發表超過300篇文章的德國微生物學專家，拍了一部影片說COVID-19病毒並不存在，我們不需要戴口罩，更不需要打疫苗，因為人體會自己康復，而疫苗更會提高致死率。

許多人看到這部影片之後，開始瘋狂轉傳，並告訴身邊的親朋好友。許多長輩看到了更是對於疫苗敬而遠之，甚至不乖乖戴好口罩、做好防疫措施。雖然很令人難以置信，但是當看似專家的人，說出聽起來很專業的意見時，即便不是全然的相信，也會在無形中使我們原來堅定的立場開始動搖。

荒謬的專家也有人相信嗎？

因為專家形象的說服力極高，以致於現在不管是閱讀網路新聞或是觀看電視節目，總是會出現一些人掛著莫名其妙的頭銜，像是XX達人、XX

神、或是XX大師等。這些自封或被封的莫名稱號可不只是單純為了方便人們記住，而是背後都有一個很重要的目的，那就是要閱聽眾相信這些人是專家，才容易被他們所講的內容給說服。「專家們」可能會傳達一些似是而非的觀念或置入性行銷某些商品，來達到商業上的目的。

很多人可能會說：別傻了，我還是有判斷能力的，不會因為他是專家我就相信，他亂講我也是不接受的。真的是如此嗎？人們是否真能如此理性的對事不對人？如果專家說了一個錯誤的訊息，一般人對於訊息的接收程度會如何呢？

早在1966年，心理學家就知道答案了。兩位來自美國的社會心理學家博赫納（Stephen Bochner）及英斯科（Chester Insko），他們進行了一項實驗。他們找來一群大學生，並詢問他們認為人每天大概需要多少睡眠的時間。

大部分的學生都認為應該要有8小時的睡眠。接著，心理學家讓他們閱讀一篇關於人每天需要睡幾小時的文章，每個人讀到的文章大致相同，不同的是文章結論有很多種，有的人閱讀到文章結論是需要8小時的睡眠、有的是7小時、有的是6小時，依序遞減，甚至也有人拿到的是根本不需要睡覺的結論。

然後，心理學家告訴一部分的大學生說，這篇文章是個諾貝爾獎得主寫的，跟另一部分的大學生說這篇文章是個青年教育單位的經理所寫，並問他們在讀完文章之後，相不相信這文章的說法。

試想看看，人有可能都不需要睡覺嗎？雖然聽起來很荒謬，但實驗仍然發現，只要被告知文章是諾貝爾獎得主所寫的，「人可以完全不睡覺」這麼扯的話，還是有人會相信。然而，若被告知文章是青年教育單位經理所撰寫的，當裡頭提及人們只需要睡2小時，就開始有人不信了。由此可知，專家講的話確實大家都比較相信，而且就算講得比一般人離譜也沒關

係，人們還是有可能會照單全收！

缺乏安全感導致的衝動判斷

其實，這樣的心理反映出一件事：人們對生活中的未知常感到不安，往往想要趕快得到一個答案才安心。

就好比是我們在對考卷的答案時，遇到不確定或沒有正確解答的時候，就會對自己產生沒有信心的感覺，會希望老師能夠趕快給一個標準答案，才能夠放心。

但生活中並不像是考卷的是非題、選擇題那麼簡單，常常一個狀況的發生，是來自許多選擇和狀態融合而成，並非單一因素造成。因此，我們得注意這點，所謂的專家提供的訊息並不是唯一的答案，很可能還有其他不同角度或立場的說法。

還有一點值得我們思考，就是專家所表達的意見是否真是他的專業。

有不少專家有名氣以後，就常常對其他領域的事情高談闊論，感覺什麼

別因為我是心理學專家，就什麼都相信我啊。

像我在前一章節說自己的長高經驗，那只有對我有用而已。

別擔心，我們是還沒有快速長高，

但經過博士的訓練，早就長出判斷的智慧啦！

都很懂的樣子。人們雖然明知那不是這些專家的專業領域，但還是會有不少人接受他們的說法。

在前面的實驗中，心理學家安排的「諾貝爾獎得主」，其實也並非專門研究睡眠的專家，但一般人就如同參與實驗的大學生們，看到專家在某方面學有專精，就很容易以為他在其他方面也都很好、懂很多。但是，要知道專家是人，並不是神，也有很多他們不知道的事，可別把專家說的話都當作圭臬了。

最後要告訴大家，並不是說完全都不要相信專家，他們的看法確實是很值得去參考，畢竟能被稱為專家，就有其不同於一般大眾之處。但千萬別忘記了專家不是全知全能，他的知識跟觀點也是有限的，所以最好的方法就是將他們說的話當作是重要參考，並再找到多個專家、多項資料的看法，可別以單個專家當成唯一遵守的道理，盡信專家不如無專家啊！

讀到這裡，你知道做出好決定前，可以做些什麼事情了嗎？

哇賽
聊天室

　　還記得我們前面講過印度預言家阿南德的故事嗎？不少人也都希望專家能幫忙預測未來的發展。然而，就算是在特殊領域擁有專業的人，推估未仍然不會百分之百正確。如今隨著世界各方面發展越來越快，未來變得更不可測。就好比把時間倒回2019年，沒人可以預測到即將會有一場全球性的疫情。

　　即使是講求理論與實證的科學進展，有時也同樣難以預測，例如1957年美國發明家「無線電之父」德福雷斯特（Lee DeForest）說：「無論未來的科學是如何進步，永遠都不可能做到登陸月球。」但在1969年，美國製造了阿波羅11號火箭，將太空人阿姆斯壯等人送上月球。

　　我們是生活在一個充滿不確定性的世界裡，沒有什麼專業知識是非黑即白的，往往有著模糊地帶。記住這點，再去斟酌參考專家意見，才能真正讓好的專業建議在日常中有所發揮。

不管是多偉大的人，都有可能判斷或預測錯誤呢。

沒錯，因此即使是面對厲害的專家，當你發現問題時，還是可以勇敢提出、討論喔。

Q1 如果連專家預測都不準了，那可以找誰呢，總不能問水晶球吧？

A1 對於未來發展的預測本來就存在不確定性，就像要你預測兩年後自己會長多高，實際上一定會有一些誤差吧。因此並不是要把專家意見當成答案，而是參考依據，綜合多方面的資訊來形成自我的觀點。

Q2 現在一堆自稱為達人跟專家，我要怎麼知道他是不是真的專家呢？

A2 可以試著上網用關鍵字搜尋，看有哪些專家很常發表相關領域的言論，並且看看他的觀點是否會來自一些科學研究或者是理論，大部分的專家多半會以專業知識為主要參考，而不是毫無根據的說出結論。就像你在看這篇文章，會看到一些研究說明是一樣的道理。

現代資訊實在太多了，查證的時候也要小心來源。有很多詐騙，連個人經歷、官方網頁也做的似假亂真，真的要謹慎啊。

第08話

咦，週二中午你不是都去社團練舞嗎？

我想放棄熱舞社了。

怎麼了，你當初還想盡辦法加入耶！

那時我看很多人加入，就覺得這社團一定很好玩。

入社申請

熱舞社

結果才發現我並不喜歡跳舞，就越來越不想去。

有些決定還是聽聽自己內心的聲音比較好呢。

嗯！

我們有時候都會變成從眾的小羊，跟著羊群做決定。

其實我剛剛也……

看到排隊排很長的麵包店，忍不住跟著買了！

一起吃吃看吧。

很普通啊。

我可是排了2個小時啊。

大排長龍一定好？
別急著加入大眾的行列

　　用餐時間到了，你和家人在路上走著走著，想尋覓一家好吃的麵店，大快朵頤一番，這時眼前有兩家麵店，同樣都掛著「百年老店，保證好吃！」的布條，第一間高朋滿座、門庭若市，而第二間則是門口羅雀，老闆還拿著蒼蠅拍坐在門口前，你會選擇哪一家消費呢？想當然耳，大多數的人都會選擇第一家，跟著人群排隊等候，寧願餓著肚子等待一兩個小時，也不會選擇到第二間麵店，即便馬上就可以吃到熱騰騰的麵。

　　接著，終於等到你們點餐了，看著菜單有陽春麵、肉燥乾麵、麻醬麵、榨菜肉絲乾麵等，每一種看起來都很好吃，不知道該如何選擇。這時候，你們突然看到菜單上麻醬麵的品項標示著大拇指比讚的圖樣，表示「熱門，極推薦」。再轉頭看看其他客人，幾乎每桌都點了麻醬麵，於是你們極有可能也跟老闆點一碗來嚐嚐。這樣日常生活中再普通不過的情節，可是隱含著滿滿的心理學效應喔！

愛跟風排隊是人之常情

　　仔細思考，剛剛站在兩間店門口的情景。第一間麵店人潮滿滿，就絕對代表較好吃嗎？在還沒拿起手機好好搜尋評論之前，我們看到大家都在

排隊，心裡一定會出現一個想法：「這麼多人在排隊，想必很好吃！」於是沒思考多久，就忍不住加入排隊的行列。

當開始要點餐時，陷入了選擇困難，這時又看到大部分的人都點著招牌品項，一定也會這樣想：「大家都點招牌麻醬麵，絕對非吃不可！」然而，每個人喜好的口味都不一樣，說不定你喜歡的是清淡的湯麵，卻跟著其他人點口味重的麻醬麵，很可能嚐了幾口之後，就懊悔自己應該點喜愛的口味。

在心理學中，像這樣讓我們不多加思考，就跟著其他人做一樣的決定或行為的現象，叫做「從眾效應」（Bandwagon effect）。這個現象也被稱為「羊群效應」（herding effect），因為在羊群中，只要有幾隻羊動起來，其他的羊就會跟著走，就像人們常常會跟隨大部分人所同意的事物，自己並不會多加思考事物本身的意義。

生活中，處處可見從眾效應在作怪，例如購買商品前，先瀏覽其他人的評價再決定要不要購買；大家都在排隊買最新款的手機，你也跟著跑去排隊；大家都在看引起話題的最新電影，於是你也跑去買票觀看等，這些都是從眾效應！

經典的「從眾效應」實驗

心理學家艾許（Solomon Asch）在1951年做了一個經典的心理學實驗，證實了「從眾效應」的現象存在。他請實驗參與者坐在一張長桌子的倒數第二個位置，身邊坐了7到9名同樣參加實驗的人，但其實這些人都是艾許事先串通好的實驗助手。

一開始，艾許會讓實驗參與者看一張卡片，卡片上有一條直線。之後再讓參與者看第二張卡片，卡片上有三條不同長度的直線，其中有一條明

顯和第一張卡片上的直線長度相同，另外兩條則明顯的和第一張卡片的直線長度不同。

　　艾許會請長桌邊的人依序公開回答第二張卡片上哪一條直線是和第一張卡片的長度相等。參與者在回答前會先聽到其他實驗助手的答案，也就是說他有機會參考其他人的回答是什麼。

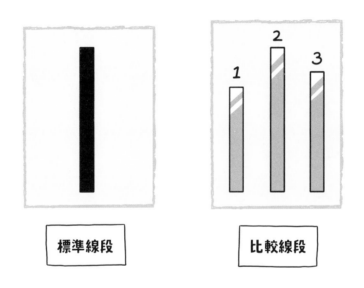

標準線段　　　　　　比較線段

　　在前兩個回合中，先回答的實驗助手們都回答出正確的答案，而真正參與者也回答出正確的答案。

　　但是到了第三回合，助手們開始出現異樣了，他們開始回答出明顯錯誤的答案。原來，艾許事先跟實驗助手串通好，從第三回合開始，要故意回答錯誤的答案，來誤導真正的參與者，看看他們會有什麼樣的反應。這些參與者會仍然堅持顯然是正確無誤的答案，或者是與大家一樣回答錯誤的答案呢？

　　結果卻發現，竟然約有三分之一的人，會跟著其他人錯誤答案來回答，也就是跟隨多數人犯了相同的錯誤。整體而言，從第三回合開始，大

約有四分之三的人都至少出現了一次從眾效應的現象，而只有四分之一的人自始自終都堅信自己的正確答案。

　　事後，艾許詢問了那些答錯的參與者，發現到他們確實會參考其他人的答案來回答。當他想回答正確答案時，卻看到前面6到8個人都陸續回答出明顯錯誤的答案，就開始懷疑自己的答案是否真的正確，心裡想著：應該大部分的人會比自己正確吧！於是開始不確定自己的答案對不對，而選擇相信大多數的人。

　　另外有些人，明明知道答案是錯的，卻怕自己和別人不一樣，擔心被孤立，於是跟著大部分的人一樣回答出錯誤的答案。

　　艾許歸納出，主要有三個因素會影響「從眾效應」的發生：情境、團體及個人因素。當情境越模糊、越難以判斷、團體向心力越高時，越容易出現「從眾效應」。

　　然而個人的性格也是其中一個重要的因素，相同的實驗，由不同的性格的人來參與，就可能產生不一樣的結果。

有時候看到人家闖紅燈，只有我還留在原地，就覺得自己好像很笨。

想和別人一樣，也屬於「從眾效應」。但是你堅持正確的選擇，小心安全，這才是最重要的。

我們常常會根據大多數人的選擇做決定，也可能因為大多數人的選擇，而改變了自己原本的決定，其中很重要的因素就是「同儕壓力」。當我們看到大部分的人都作出同樣的選擇，此時自己若選定與大家相異的做法，會讓我們有一種自己與他人不一致的感覺，擔心別人因此對自己有不一樣的想法，或是覺得自己很奇特，因此感到孤立不安。於是，我們會做出一些與內心意願不一樣的決定或行為。

　　跟隨大眾的想法和行為做出決定，會使得我們好像沒有自己的主見。然而，從眾效應並不是只會帶給我們不好的影響，換個角度思考，當我們身處在不同國家，不清楚當地的交通規則，先看看大部分的人怎麼走，你就可能知道該如何遵守當地的交通法規；又或者是當考試屆臨，大家都開始認真讀書，這個時候你就會知道，跟著大家好好讀書準沒錯了。

試著覺察自己真正的想法，再做決定，也可以減低不想從眾而帶來的不確定感喔！

哇賽
聊天室

　　從眾效應在團體生活當中無所不在，舉凡需要共同表達意見的事，都會受到這個效應的影響。因此，如果想確實知道每個人的意見，就需要進行匿名投票，這也是現在正式的選舉都要採取匿名投票的原因。

　　除了匿名以外，還有一個關鍵就是人數，團體的人數太少或是太多，都會讓從眾效應的現象消失，所以像小組討論只有3個人的話，就不太會有這個現象。

Q1 為什麼人會從眾呢？做自己不是很好嗎？

A1 人是群居生物，自然無法完全脫離群體而生活，因此在團體當中，都會「希望他人接納與認同」。要達到這一點，跟其他人做相同的事是最容易進行，又不會出錯的選擇。但話又說回來，正因為從眾的力量過於強大，因此同樣的事物很可能一直持續下去而沒有更新，隨著知識累積越來越多，這就不見得是好事了，畢竟我們都要與時俱進才行。

Q2 那要怎麼做才能破解從眾效應呢？

A2 其實「異見」的力量是很重要的。一旦出現了一個持有不同意見的人，就有可能瓦解從眾的現象。團體中每一個人的想法一定會有所不同，一旦有人挺身而出表示異議，接著就可能會有人陸陸續續跟進。所以，下次老師詢問大家有沒有問題的時候，也許你也可以試著鼓起勇氣，當第一個舉手發言的人，讓大家的想法更能夠充分表達，來增加寶貴的討論與學習機會！

CHAPTER

轉換心情
小妙方

捏捏東西竟然能降低壓力，動手做甚至能帶
來好心情？想要開心，就不能不管壞情緒？
手機也會影響快樂指數？難過時，幫助別人
也許更能變愉快？情緒原來沒有想像中那麼
不可控制，一起來試試看這些提升心情的好
方法！

第09話

我最近練成了一招超能力，不用看課表就能知道哪班正在上數學課！

博士不要吹牛好嗎……

教師休息室

來來來！我去操場示範給你看！

嗯……原來如此，現在七班、九班正在上數學。

真的耶！怎麼可能？

嘿嘿，厲害吧！

叮咚

叮咚

博士你快老實招來，最近的「超能力」是不是跟氣泡紙有關？

哈……為了舒緩課業壓力，我昨天給了他們氣泡紙來捏。

氣泡紙？

咦，今天資源回收怎麼這麼大一包？會不會很重？

不會啊，裡面都是博士給的氣泡紙。

你聽，哪一班捏破氣泡紙的聲音最大，就知道他們在上數學課囉！

啊，真的耶！

嗶嗶啵啵

捏爆你的心理壓力

　　當你在極度生氣的狀態下，或是正處在準備考試，壓力極大的身心狀態，有時會忍不住握緊拳頭，好像要把東西給捏爆了。在出現這樣的舉動時，你可能不禁會懷疑自己是否情緒控管不好，或是有暴力傾向？

　　先別擔心，你不僅沒有暴力傾向，反而是一個再正常不過的人了，當出現這樣想要捏爆東西的行為舉止時，很可能是你的身體在提醒你，是時候放鬆一下、緩解壓力囉！

捏什麼都可以，重點在「捏爆」

　　多年前，臺灣本土鄉土劇《夜市人生》有一個很經典的橋段：男主角與太太吵架後，在盛怒之下一把抓起客廳桌上的橘子，奮力的捏爆橘子並大喊太太的名字。這看似無厘頭的片段，還被網友笑稱為「北斗爆橘拳」，雖然這個段落安排也許是演員為了呈現戲劇的張力和效果而進行的表演，也確實引起話題討論，不過說真的，這個捏爆橘子的動作可是值得探究的！

　　我們先來看看另一個例子。你有沒有以下這種經驗？當你開開心心的打開期待已久的包裹時，拆開了商品外一層又一層的氣泡紙，卻捨不得將

氣泡紙丟進垃圾桶，反而將它留了下來，然後專心的用手指把上面一顆又一顆的氣泡給擠破，隨著「啵、啵、啵」的聲音，你竟能一次又一次的體驗著聽覺享受與手指帶來的小小爆破觸感。這看似沒什麼意義的行為，卻彷彿有一種神奇的魔力，讓你停不下來，直到把泡泡全部捏破。

是的，這兩個不同的行為，都有相同的特徵，那就是「捏爆」！大多數人都曾經體驗過捏破氣泡紙的快感，那是一種很抒壓的行為，隨著一顆一顆氣泡被擠破，心中的感覺是又過癮又舒服，彷彿就像壓力被釋放一樣。同樣的，戲劇中男主角用力捏爆橘子，也是一種釋放壓力的行為。「捏爆」這個動作，讓我們心裡的感受上，似乎變得比較舒服，這也使得市面上，越來越多商人發明一些透過揉捏或是按壓來發洩壓力的玩具，像是減壓球、尖叫公雞以及減壓捏捏樂等。

捏氣泡紙的心理實驗

心理學家凱瑟琳·狄倫（Kathleen M. Dillon）教授發現，雖然現在有各式各樣教我們如何緩解壓力的技巧，但通常都需要長時間的指導和練習，才能達到真正減壓的效果，她便思考：是否有一種方法不需要有人教導，也不用花時間一直練習，就可以快速的幫助我們緩解壓力呢？

有一個想法就這樣跑進她的腦海裡，就是「捏氣泡紙」！捏破氣泡紙時，真的可以立馬見效的幫助我們抒壓嗎？如果是真的，那背後是什麼原因讓我們有抒壓又爽快的感覺呢？為了好好證實她這個想法是不是行得通，她決定著手設計一個實驗來找出答案。她從校園裡找來了30名學生，請學生協助進行這項關於氣泡紙的實驗。

首先，她先請全部的學生填一份測量心理狀態的問卷，內容主要測量「精力旺盛程度」、「緊繃程度」、「疲倦程度」及「冷靜程度」等四大面向。這問卷一共要填3次，每次之間休息5分鐘。

在休息期間有些學生是單純不做任何事情的休息，但有些學生則獲得兩張不同大小的氣泡紙，要在休息時把氣泡紙捏破。像這樣讓兩組在休息時間從事不一樣的行為，並互相比較，就可以知道捏氣泡紙的動作是否真的會對他們的心理狀態帶來改變。

果不其然，狄倫教授分析後發現，不管是在哪一次休息過後，只要是有捏氣泡紙的學生，都表示捏完氣泡紙後，覺得自己比較有精神了，不但明顯感到疲倦程度減輕，而且也比較冷靜。而沒有捏氣泡紙的同學就沒有這樣的現象。此外，有趣的是，大部分學生都表示比較喜歡大張的氣泡紙，可能是因為大尺寸的氣泡紙捏起來過癮多了。

日常觸碰就能達到效果

這兩組學生之所以會有這樣明顯的差異，或許可以透過人們面臨壓力所產生的肢體反應來解釋。因為人在緊張或是處在巨大壓力的情況之下，會出現玩手指或是用手指敲打桌面的動作，而這時候如果有氣泡紙可以捏一捏，就好像讓我們的手指有點事情可以做，對於壓力的減輕可說是相當有幫助的。

然而，為什麼一張看似不起眼的氣泡紙，除了保護物品防止碰撞的功能之外，還有這樣厲害的療癒效果呢？雖然在實驗中確實可以發現透過捏氣泡紙，能夠快速又簡單的產生抒壓的效果，但重點並非是氣泡紙，而是「觸碰」這個動作。

　　既然是「觸碰」這個動作可以令人覺得有療癒、放鬆感，那麼，觸碰任何東西也都有效果嗎？如果我們回顧古希臘人到現代亞洲文化，都能觀察到人們有類似的習慣：在身上攜帶一塊平滑的石頭或玉石等小物。原因是，人們透過觸摸這些小東西，能感到冷靜、安定下來。你也可以試試仿效這個做法。

　　除此之外，讓雙手保持忙碌，也會有類似捏氣泡紙的效果。當你感到緊張時，不妨讓雙手找點事情做，例如織織毛衣、串珠或拿針線縫補衣服，都可以帶來相似的抒壓效果，就連在奧運場邊編織毛線而引爆話題的英國跳水選手湯姆·戴利（Tom Daley）也表示，編織能讓他保持平靜、放鬆壓力。

　　其實在我們生活周遭，有許多唾手可得的類似物品可以幫助我們抒壓，不一定要特地花錢去購買抒壓小物，例如捏黏土、摸毛茸茸的小狗小貓，或是幫忙家人揉麵團，都是非常棒的抒壓妙方，能讓我們很快的冷靜下來。

哇賽
聊天室

氣泡紙的抒壓好處，真的是大人小孩都知道。像博士的兩個女兒很愛玩的一款玩具，就是如同氣泡紙模樣的橡膠軟墊，你可以一顆一顆的按下橡膠凸起。等到全部按完後，將軟墊翻面就可以重按一次！這玩具好用又環保，唯一的壞處就是我只買了一個，她們兩個會爭著玩，爭搶過程反而壓力升高了。

說到爭搶，氣泡紙除了作為抒壓用途外，也有研究把它當成「侵略性」的測量呢。有時候看到一兩歲的嬰兒，兩頰兩邊肉鼓鼓的，會讓人忍不住想要捏一下對吧。這個研究就是在探討，人在看到可愛的事物會不會產生想捏一把的感覺。

研究者發給來參加實驗的人氣泡紙，要求他們一邊用手拿著，一邊看各種圖片，有可愛的圖片像是小貓、小狗、嬰兒等，也有跟可愛無關的像是椅子、桌子等。結果發現，當他們看著可愛圖片時，手也會不知不覺捏爆了好幾個氣泡！

Q1 要抒壓得按破幾個泡泡才有效啊？發考卷時，我得準備很多給爸爸才行。

A1 按氣泡紙抒壓的效果也是因人而異的，而且關鍵在於他能否轉移注意力，專注在氣泡紙上。很多緩解衝動與抒壓的方式，都跟注意力的轉移有關係。如果一直想著讓人生氣的事，情緒當然就很難緩解囉。所以囉，想要爸爸看到壞成績不發怒，記得不要讓考卷一直拿在他手上，再拿氣泡紙給他捏才會有效喔！

第10話

接受壞情緒，
才能迎接好心情

2019年，一部改編自DC漫畫的美國電影《小丑》上映，引起社會大眾熱烈的討論。許多人對小丑的第一個印象就是他令人恐懼的怪異臉龐、作惡多端的行為。他畫上小丑妝的笑臉，與平時陰鬱壓抑，總是看起來心情不好的樣子成了強烈的對比。究竟，小丑是怎麼樣的一個人物？一直笑臉迎人的他，真的是開心的嗎？

逼自己笑的反派主角

小丑原來的名字叫做亞瑟‧佛萊克，從小就生活在社會底層，家境清寒貧苦，與媽媽兩人相依為命。從小，他的媽媽就一直提醒：「要永遠保持微笑！」還幫他取了一個綽號叫做「快樂」。佛萊克認為，自己一定能夠帶給這世界歡笑，因此，他將成為一名成功的脫口秀喜劇演員視為畢生夢想。

但是現實總是無法如此完美，當他每天辛苦的賺錢養活自己和媽媽時，卻總遭到冷酷的現實社會和冷漠無情的人們打擊和欺壓。佛萊克所生活的高譚市貧富差距極大，富人住在電梯華廈，而窮人卻淪落街頭，還有許多人失業。因此，高譚市的治安相當差。有一天，與佛萊克擦身而

過的陌生年輕人隨意搶走了他的生財工具，還在路邊將他暴打一頓；還有一次，當佛萊克在公車上想要扮鬼臉逗小孩子開心時，卻被孩子的媽媽嫌棄，還告訴他不要騷擾自己的小孩。然而，面對這些重重的打擊時，他卻用大笑來面對生活，你以為他的個性是真的是這麼樂天嗎？每當他感到傷心、難過、悲傷、氣氛時，他都不停的笑，當笑不出來的時候，他還硬是用手指掰開自己的嘴角，讓自己看起來是在笑，甚至眼淚滑落臉龐時，他也逼己要笑。

這樣壓抑負面的情緒，並且放聲大笑，真的能夠為他帶來快樂嗎？當然不，積壓已久的佛萊克最後變成了一個失控、不停從事犯罪暴力行為的小丑。

把壞情緒藏起來就沒事了嗎？

我們時常聽到人家說「不要哭」、「不要生氣」，因為這些負面的情緒往往都不被大家所歡迎、接納，哭泣就會被當作愛哭鬼、生氣就會被笑EQ差，彷彿只有時常面帶笑容才是大家都會喜歡的。但是，忍著傷心和憤怒勉強露出笑容後，那些不好的情緒就會消失、不會有任何影響嗎？事情可沒有這麼簡單！

情緒管理是一門相當重要的課題，人們時常說，要當情緒的主人，不要被情緒給掌控了。情緒管理做得好，不僅讓我們與人相處愉快，也能讓自己擁有健康的心理狀態。不過，或許受到從小就很常聽到「不要在人前表現出負面情緒」影響，很多時候我們習慣會把不好的情緒隱藏起來，強忍悲傷、強顏歡笑，聽起來似乎真的成功掌控了自己的情緒，沒有讓壞情緒流露出來，甚至打壞了氣氛而影響他人的感受，但這真的是一個好方法嗎？

心理學家坎培爾（Laura Campbell-Sills）一直在思考著這個問題，她很想知道當我們習慣性的把壞情緒隱藏起來時，是不是真的不會再感受到悲傷或生氣了？壞情緒是不是真的像蓋上蓋子的盒子一樣，不再影響我們了呢？

想知道這些問題的答案，著手進行實驗就對了。於是她與實驗夥伴一起找來了60名有焦慮或情感性障礙的人，讓他們觀看一個電影片段，電影情節是描述一些被俘虜的軍人，被迫玩一種很可怕又殘忍的遊戲──俄羅斯輪盤。

心理學家選這個恐怖的電影片段也是有原因的，因為有研究指出這個電影情節，確實能讓觀看的人感到極度不舒服，也會產生緊張、害怕等負面的情緒。

在這些人看電影之前，心理學家要求一半的人在觀看影片時，要盡可能控制並壓抑自己的情緒，而且過程中，心理學家不斷的告訴他們，情緒是自己所能控制的，要學習控制自己的反應；而另一半的人則是相反，會鼓勵他們在看影片的時候，用心體驗並接納自己的情緒，告訴他們抗拒自己的情緒反應可能會感到不適或有壓力，所以不管出現什麼情緒都沒有關係，儘管接受所有的情緒反應。

所有人看完影片後會稍作休息，接著研究人員再請他們完成一份有關調查情緒的問卷，透過這份問卷，就可以大致推論出心理學家一直很想知道的解答了。

越隱藏情緒，越會把事情更搞砸

分析結果後發現，當實驗參與者在看那個可怕的電影情節時，如果嘗試去壓抑，而不把真正的情緒表露出來的話，那麼內心不舒服的感受會更

加的強烈；然而被耳提面命的提醒要接受不好的情緒、不需要刻意壓抑的那些人，看完影片後反而不會有不舒服或負面的感受。

　　心理學家坎培爾一開始的假設是，我們平時習慣隱藏自己的負面情緒，這對我們調節情緒應該是沒有什麼作用的，實驗結果果然證實了她的想法。當負面情緒來臨時，刻意的去壓抑它，雖然這樣能讓表面上看起來都沒事，好像我們都好好的，但其實這些情緒仍依舊停留在心上，而且一層一層往上堆疊。當不開心的感受如果堆疊到了某個程度，就會崩塌下來，引起更加劇烈的負面反應。

接納每一種情緒都有存在的必要

　　情緒本身並沒有好或不好，負面情緒的出現也是一種訊息，它正告訴我們對目前的行為或狀態有著什麼樣子的感受。如果我們面對負面情緒時，選擇忽視或壓抑它，反而是糟糕的選擇。

　　我們可以參考這個實驗中的對照作法，接納自己的情緒、允許自己可以適當的表現出來。例如跟最要好的好朋友訴苦，或向我們親密的家人發發牢騷，甚至是寫進自己的日記本裡，這些方式都是抒發情緒的一個好選擇。我們的情緒千變萬化，每一種情緒所展現的是最真實的自己，唯有接受並擁抱最真實的自己，才會讓自己真正感到自在。

哇賽
聊天室

　　心理學家佛洛伊德（Sigmund Freud）曾說過：「沒有被表達的情緒永遠都不會消失。它們只是被活埋了，有朝一日會以更醜陋的方式爆發出來。（Unexpressed emotions will never die. They are buried alive and will come forth later in uglier ways.）」

　　佛洛伊德認為生活中往往會讓人產生很多情緒，但人們會認為其中有些負面情緒難以讓外界接受，因此將這些情緒埋藏起來。我們甚至會對「有壞情緒」感到自責或是無法停止焦慮，害怕不好的一面顯露出來。種種的壓抑使得我們越來越鬱鬱寡歡，並且變得什麼事情也不想做，只有透過適當的管道，抒發自己的情緒才是真正對心理健康有益。

Q1 我覺得壓抑並沒有不好啊，我生氣時都會先忍住，接著去運動跑一跑就好了。

A1 其實運動就是一種紓解情緒很棒的方式，推薦大家試試看。如果在情緒當下，可以盡快找到時機與場地藉運動抒發出來，確實就可以快速轉化情緒。你能發現自己生氣，然後去跑步，表示你能及時覺察到自己的情緒，並做出合適的措施，這是很棒的。

Q2 可是像我難過的時候，就會一直哭一直哭，停不下來耶，這樣也算是接受自己的情緒呢？

A2 不妨回想一下，你之前難過或悲傷時，哭過後是不是都會稍微好一點？一直哭不停的情況其實並不是接受情緒，而是放任你的思緒一直在鑽牛角尖，才會一直走不出來。接納情緒並不是放任，而是讓情緒表達出來後，給自己內心一點喘息的空間。

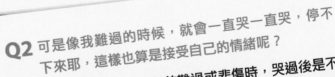

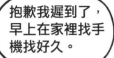

第11話

抱歉我遲到了，早上在家裡找手機找好久。

眼看來不及才出門。

我剛剛打給你沒人接，還有點擔心你呢。

沒事就好，我們去逛市集吧。

這手工皂好香喔。

這個竟然有咖哩味！

先享受當下吧，你會發現今天過得很愉快。

嗯……

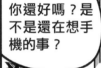

你還好嗎？是不是還在想手機的事？

我知道一定是放在家裡，但手機不在身邊就覺得怪怪的。

我也曾經這樣過，很想「滑一下」對吧？

其實我現在也沒有帶手機，你們可以試試看，每週一天「手機封印日」，

會有意外的收穫！

真開心，手機不在身邊也沒關係了。

我贊成，今天過得很開心！

我也來試試看好了。

遠離手機讓你更快樂

　　智慧型手機是現代人生活的必備品，沒有手機的話，生活似乎就會非常不便，不能打電話、不能傳社群訊息、不能拍照或聽音樂、更不能上網，根本無法想像生活中少了手機，要是沒了手機，就少了很多娛樂，也害怕因此漏接到朋友的聯繫、沒有即時更新到朋友們的社群動態，或是擔心可能弄丟手機而緊張，導致心神不寧。

　　但是，你有思考過嗎？在智慧型手機還沒發明以前，大家都使用著最原始的手機，只有撥打電話和傳簡訊的功能，甚至更早期的手機還沒有傳簡訊的功能，那時候大家是怎麼過日子的？

手機的前世今生

　　在手機發明之前，人們透過電話與遠方的對象通訊，一開始只有特殊政府機關單位才能架設電話設備。隨著科技的演進，才變成家家戶戶都有一部電話，方便人與人進行聯繫。

　　然而這項設備雖然為我們生活帶來便利，但科學家仍然不滿足於需要在家裡使用著長長的電線才能撥上一通電話，他們想要的是不限於空間及地點，隨時隨地都能夠通話。於是受惠於科學家的智慧，再次改善了電話

的型態，變成了一部能放進手提袋裡帶著走的設備──手機，當你需要的時候，不論身在何處，都能夠撥打給他人。

手機是在1973年發明的，初期的手機又大又重，而且收訊品質不穩定，撥打電話還得把手機的天線伸長出來。人們常笑稱當時的手機為「黑金剛」或「磚頭」，跟現在的手機比起來，不管是體積或是重量都不是那麼便利。

隨著科技的進步，手機的型態和功能也快速提升，從一開始笨重又只有撥接電話的功能，變成體積小、重量輕的載具，不但去除醜醜的天線，還可以傳文字簡訊、玩玩小遊戲的手機。

接下來，手機又進化了，變成沒有按鈕，只有一個螢幕，用手指觸碰就能夠操作的智慧型手機，不僅能通電話、傳送文字訊息及圖片，還可上網查找資訊。別說是玩玩小遊戲了，還能夠玩網路連線的遊戲呢！現在隨處可見的手機，根據以前的資訊條件來看，根本就是帶著一臺電腦到處跑了。

「滑」時代的來臨

手機的進化大幅提升了資訊傳達的便利性，但也偷偷的改變了我們的生活習慣。走在路上、搭公車捷運、甚至是下課時間，都會看到不少人低著頭、雙眼緊緊盯著手機，手指在螢幕上不停滑動著。甚至是在家庭聚會、朋友聚餐的場合中，每個人都低著頭看著自己的手機，注意力已從實體世界分散到手機裡的虛擬世界。

現代幾乎是人手一支智慧型手機，這類3C產品已經逐漸在我們生活周遭中根深蒂固，每個人都不能沒有它。它讓我們只要按下一個視訊按鈕，就可以看到好幾年不曾見面的親友熟悉臉龐，讓人與人之間的距離縮

短了。除此之外，3C產品還能讓我們快速的上網查找資料。小至日常生活的問題，大至宇宙的奧祕，都能在一兩分鐘內，藉由手機搜尋網路資訊，找到你想要的答案。還有，它所具備的娛樂及連線功能十分強大，我們不僅能隨時隨地打開線上遊戲對戰，也能與朋友在社群平臺聊天、傳遞訊息，還可以觀看和分享令人莞爾的有趣影片，可為平淡又煩悶的生活帶來許多樂趣。

看到這裡，請先停下來仔細想想，功能多元的手機，真的為我們帶來許多快樂嗎？

越滑手機越不快樂

有一種研究叫做「世代研究」，專門探討不同世代的人，有什麼變化。所謂世代，最簡單的例子，就是人們常常掛在嘴上俗稱的七年級生、八年級生或九年級生，也就是民國70、80、90年代出生的人。每個世代在不同的時空和成長背景之下，都造就了他們獨有的文化和想法。七年級生被上一個世代的人叫做「草莓族」、八年級生又被七年級生稱做「水蜜桃族」。雖然不能一竿子打翻一船人，但這可以看出，不同世代的人，特性是如此不同，有時甚至會認為彼此之間有很深的鴻溝，有難以互相認同和包容之處。

來自聖地牙哥州立大學的珍‧特溫格教授（Jean Twenge），就是一位長期鑽研世代研究的心理學家。她注意到在2012年左右的青少年，行為和情緒狀態發生了劇烈且明顯的變化。過往每個世代之間都是平穩且和緩的進行改變，但特溫格教授觀察到，這個世代的改變是很突然又快速的。在她努力找尋背後的原因時，她找到一個線索：這一年正是全美國有一半以上的人持有智慧型手機。

特溫格教授發揮心理學家擅長敏銳觀察的特點，發現「手機使用」與「快樂」這兩者之間似乎具有一些關聯，於是便與她的同事一起進一步分析了1991年至2016年間，全美國青少年的調查數據。這些調查數據統計了青少年使用手機、平板電腦和電腦的頻率，也調查了這些青少年的人際關係以及是否覺得快樂等問題。

　　結果特溫格教授發現幾個很關鍵的現象，她發現隨著智慧型手機的誕生及普及，青少年出門的次數越來越少了。這表示青少年越來越宅，比起出門玩樂、結交朋友，更傾向在家裡玩電腦、滑手機。而且他們為了滑手機越來越晚睡，導致睡眠不足的情形也越來越普遍。光是從2012年到2015年左右，每天睡不足7小時的青少年就增加了22%。

因為一直使用手機，而宅在家不接觸新事物、睡眠不足、太少與人相處，這些因素不但會讓心情越來越差，還可能會互相影響，變成惡性循環喔。

重要的是，特溫格教授還發現，跟那些花時間在運動、閱讀書籍、雜誌以及積極投入和朋友面對面相處的青少年相比，花較多時間在3C產品上的青少年感覺較不快樂，而且隨著使用時間越長越不快樂。此外，在這些青少年當中，每天使用3C產品時間略少於1小時的青少年的快樂程度最高，花較多的時間在日常生活的活動中，而不是滑手機、滑平板的青少年是最快樂的！

難以想像吧，明明手機和電腦這麼便利，娛樂效果高且功能又多，竟然會造成人們不快樂。

使用3C產品同時保持快樂的方法

3C產品仍然有它存在的價值和必要性，不但解決了現代生活許多不便也確實為人們帶來許多好處。但我們該如何避免手機帶給我們不快樂的影響呢？其實方法很簡單，而且每一個人都可以做到。在使用3C產品和快樂之間取得平衡的關鍵就是「自律」。我們每天使用3C產品的時間應該要有所節制，盡量不要超過2個小時，而且要試著增加每天戶外運動的時間，以及跟朋友

不用急著想大幅減少使用手機，慢慢來就好。

先從每天放下10分鐘開始，去散步或做別的事吧。

暫停使用10分鐘

面對面互動、相處的時間，因為從事這兩種活動都能幫助大腦產生激素，提升我們的幸福感，讓我們感覺較為正向。

在特溫格教授的這個研究中讓我們了解到，把太多的時間都投注在手機上並不是一個正確的決定。想要多多感受到快樂，試著先放下手上的手機、平板，別窩在家裡盯著螢幕，多多參與生活周遭的活動，往戶外走走，與現實生活的朋友互動，這樣才能體會在生活中最真實的快樂。

你知道我們每天在使用的手機是誰發明的？他是一位美國工程師，名字是馬丁・庫柏（Martin Cooper），也被稱為手機之父。當初只是希望人們不要再為了接一通電話，在家裡苦苦等待對方打來，可以隨時隨地的撥打及接通電話，因此他決定發明一個便利的撥接電話裝置。有一天他偶然在電視上看到《星際迷航記》這部經典的影集，畫面剛好播到寇克船長拿著一支無線電話時，他的腦袋裡就出現了一個聲音：「這就是我要發明的東西！」寇克船長拿的無線電話道具就這樣成為今日手機的原型。

不過庫柏先生在一次接受採訪時提到，雖然手機是他發明的，但他每天大約只用了不到5%的時間在手機上，反而把大部分的時間用來努力經營並體驗生活，例如滑雪、打網球及閱讀等。不如就讓我們學學手機之父的做法，適當而非過度使用手機吧。

Q1 可是透過手機一樣可以跟朋友聊天跟互動，甚至可以跟著遊戲一起玩啊？即時聯繫，應該會比真實碰面還要好吧？

A1 其實對於人際之間的感受，並不是只有聽覺跟視覺喔，場所的氣氛以及真實的體驗也是很重要的。像是透過線上課程一樣可以聽到老師上課，但感覺跟教室上課就是不同。或者是透過影像看到偶像，跟實際參與演唱會也是截然不同的感受，大腦所接收的刺激也不一樣。雖然透過科技來接觸更多、更廣的人群是好事，但也別忽略了，還是要拓展真實生活經驗比較好喔。

第12話

自己動手做，感覺更好

　　在早期的西方社會，若房屋損壞會請木匠來協助修理，門前草坪長了太多雜草，會花錢請專業的工人來修剪灌木。到了1960年代左右，開始出現一個現象，人們不想花太多錢請專家來修繕房屋或是維護花園，而是自己去買一些工具、材料，自己動手做。這在英文叫做Do It Yourself，也就是今日常聽到的簡稱「DIY」。漸漸的，人們將這個概念擴展至自己動手維修家電用品或是汽車，甚至是自己組裝電腦。

DIY變成商機

　　在自己動手做的風氣逐漸繁盛之後，相關的商機也逐漸蓬勃發展，坊間開始出現教大家怎麼DIY的書籍、影片等，接著是販售工具及材料的商店一間一間的開，小從巷口的五金行，大至連鎖商店，相當受到歡迎。

　　時至今日，大家最耳熟能詳的莫過於「IKEA」了，它是一家來自瑞典的居家用品公司，不販賣已經組裝好的現成家具，而是在賣場上擺放樣品展示，並販售半成品的材料，讓你自己買回家組裝。這家公司目前已經是全球最具規模的零售家具企業，而且直到2021年底，它的營業利益達到19億歐元，相當於新臺幣605億元，很嚇人吧！

這種需要顧客動手操作後，才能獲得商品的商機，漸漸演變出另一種消費方式。像是知名牛仔褲公司LEVI'S以及球鞋公司，例如Converse及adidas等，這些品牌都提供個人化訂製的服務，讓顧客可以自己選擇材質、款式及顏色等，再由廠商協助製作。Nike公司甚至在美國紐約設立一間主打個人化服務的門市，顧客可以隨自己的喜好，更改任何一種鞋款或是衣服的設計，讓顧客可以把自己親手創作的產品直接帶回家。

自己動手做真的比較方便省錢嗎？

前面所提到的商品，都有一項共同的特點，那就是「自己參與創造」，可以說是DIY的理念核心。雖然最一開始是人們想省下不必要的花費，因此才花力氣自己動手做，但演變至今，大家願意這麼做的原因不單只是為了省錢，越來越多人喜歡自己動手組裝東西，小從模型玩具、大到房屋裝修都要自己來。

仔細想想，自己動手做可是很花時間。明明要自己去選購、運載材料，甚至可能要扛著爬好幾層樓梯，更別說還要看著說明書組裝了，所花費的材料費還不見得比較便宜！為什麼還是有許多人願意自己動手做呢？

心理學家莫瓊（Daniel Mochon）以及艾瑞利（Dan Ariely）注意到這個現象，同時他們也發現，當人們自己購買並動手製作產品時，似乎也會對於這個親手做的產品似乎更加喜愛，並且會更以自己為傲。兩位心理學家實在太好奇兩者之間的關係，於是設計一些實驗來研究這個現象。

組裝箱子和摺紙實驗

在第一個實驗中，莫瓊與艾瑞利請來52名大學生並隨機分成兩組，其

中一組發給他們IKEA所販售的收納箱組裝材料，並要求他們將收納箱組裝起來；另外一組則直接發給他們已經組裝好的收納箱。接著分別詢問兩組大學生，他們有多喜歡這個箱子，以及願意花多少錢買這個箱子？

結果發現，那些自己動手將箱子組裝起來的大學生，更喜歡這個箱子，並且願意花更多錢買這個箱子。

但這只限於IKEA的物品嗎？若是把這個實驗的材料換成別的物品，還會有一樣的效果嗎？於是他們做了第二個實驗，這次他們邀請了106名大學生，並隨機將他們分成三組。

第一組的學生並沒有學過如何摺紙，心理學家只發給他們說明書和一些材料，要求學生照著說明書上面的步驟摺出紙鶴和紙青蛙。當他們摺好以後，便問他們願意花多少錢買自己的作品。

當第一組學生都估好價之後，研究人員就請他們離開，然後請第二組沒有摺紙的學生來看看第一組學生的作品，然後詢問他們願意花多少錢買這些作品；最後研究人員再給第三組學生看專業摺紙高手的作品，並問他們願意花多少錢買這些專業的摺紙作品。

可想而知，沒學過摺紙的學生所做出來的作品當然不太好看，跟專業作品比起來還真是有點醜。但那些自己動手摺紙的學生，都願意用較高的價錢買自己的作品，甚至跟第三組專業作品所估的價錢一樣高呢。

完成作品也是重要的關鍵

莫瓊以及艾瑞利所設計的實驗中，還有一個非常有趣的小實驗。在動手組裝收納箱的實驗組別中，研究人員讓一半的學生將收納箱組裝完成，但剩下的學生則是組裝到半途就被制止。結果發現：同樣是自己動手做，有完成組裝箱子的學生比那些無法完成的，願意花更多錢買這個箱子。也就是說，不只是要自己動手做，還要完成它，這樣才能真正展現出價值。

從這個研究可以知道，當我們親手完成一個作品時，會對自己產生一種「我很棒」的感覺，覺得自己很厲害，並對所做出來的作品產生一種「這是我做的！」的喜愛感和驕傲感，而這兩種感覺都使得我們更加喜歡自己動手做，甚至是不計成本代價，想要獲得這些成品。我們也可以將這個實驗結果應用到生活中喔！

有時候，我們可以嘗試讓雙手動一動，自己製造、甚至創造一些事物出來。不管是畫畫、積木或是組裝生活用具都可以，完成後不僅能提升你的好心情，又因為都是你自己親手製作的，你會更加珍惜這些物品，而不會用一下就不用了，或是隨手就丟棄浪費了，甚至你也可以因此發掘自己獨一無二的才能喔！

哇賽
聊天室

　　這種喜愛自己手做物品、帶來好感的現象，又可以稱為「IKEA效應」（IKEA effect）。博士想到，關於這個現象，還有一個很有趣的軼聞：美國知名的食品公司General Mills曾經打造了一個蛋糕麵粉的品牌Betty Crocker，主打只需要使用他們所販售的材料包，將材料拌在一起，就可以輕輕鬆鬆做出香噴噴又美味的蛋糕。

　　原本他們信心滿滿，相信這麼簡單又方便的食材就可以做出蛋糕，消費者一定會買單！殊不知，這個蛋糕麵粉實際在超市販賣的時候，銷售量很差。於是他們委託心理學家進行研究，到底為什麼消費者不買帳呢？結果心理學家發現，讓製作蛋糕的過程太簡單也不行，這種沒有挑戰性也不有趣的DIY過程，並沒有產生自己動手做的愉快感受。於是食品公司決定將材料包裡頭的雞蛋粉拿掉，消費者得要自行購買雞蛋加入。僅僅更改這個做法，稍微增加一點製作蛋糕的難度，竟然就讓這個產品的銷售量大幅提升了！這個也是動手做的魔力。因此許多商人利用這個效應，減少公司的生產成本，讓消費者多投入一點心力和勞力，心裡還不知不覺之中提高了產品的價值，覺得更喜歡呢！

Q1 我手很笨拙，凡是要組裝的都做得不好，反而會很沮喪，該怎麼辦呢？

A1 其實IKEA效應關鍵在於組裝的難度，難度越高以至於成品不佳的話，要覺得成品有價值也很為難，甚至會有損自信心啊。所以要動手做的難易度，必須有點難，但又不會太難，像是前面講的蛋糕粉例子。你可以調整難度找出適合自己的動手做任務，嘗試這種能力可及的DIY，多半就能成功，不但獲得成就感，也可以做出自己喜歡的產品囉！

第13話

順手幫個忙，
帶來好心情

　　你曾經走在路上，發覺陌生人的需求，並給予幫助嗎？你最近一次幫助身邊的他人，又是什麼時候呢？

　　生活在社會各種群體當中，總是會跟他人有各式各樣的互動。在這些複雜的行為裡，有一項可以讓雙方都覺得很開心，那就是去幫助別人。不過助人說起來容易，但實際執行起來卻需要「過五關」才做得到。你是不是在想，不過就是隨手幫助別人，有什麼困難！過五關是什麼意思？

「幫助他人」的五階段心理歷程

　　心理學家拉丹（Bibb Latane）和戴利（John Darley）認為，幫助別人所涉及的內心歷程可是很複雜的，會經歷五個心理階段：

　　第一個階段：覺察，也就是注意到有事情發生。這是一個很重要的階段，有些人並不是不願意對他人伸出援手，可能只是他對周遭的覺察能力可能比較差，因此不容易留意到身邊周遭發生的事。既然沒有覺察到他人需要幫助，理所當然就難有後續的幫助行為。

　　第二個階段：理解，判斷他人是否需要幫助。例如當你看到同學之間在打鬧，如果判斷他們是好朋友，那就會覺得他們是在開玩笑，不會介入

幫忙；但如果你判斷他們是互不認識，是真的有同學被欺負了，那麼伸出援手的機率就會大幅提高。

第三個階段：責任，思考是否有責任伸出援手。假若周遭只有你一個人，那麼就比較會覺得自己有責任幫忙；但是若周遭還有其他人，那麼你內心可能會想：別人也會幫忙吧，應該沒我的事！因此離開打鬧的現場。

第四個階段：判斷，就是決定能夠採取什麼行動，以及自己是否能幫上忙。如果你認為自己是有能力幫忙的，就比較可能出手協助；若你認為自己力氣太小，可能沒辦法把打架的同學架開，就可能會比較遲疑而沒有直接行動，或是會改找老師等其他人介入協助。

第五個階段：行動，實際去幫助別人，也就是經歷前面四個階段之後，實際付諸幫助他人的行動。雖然是最後一個階段了，仍然可能受到干擾，例如因為擔心現場他人的眼光，而影響自己的行動；或害怕自己的行

為會被其他人唾棄或嘲笑等，這就是所謂的「觀眾抑制效應」（Audience inhibition）。

施比受更有福氣是真的嗎

在了解為什麼我們會有幫助他人的行為之後，才知道原本一個簡單幫助他人的小動作，所經歷的內心戲可是那麼多啊！然而，即使決定會不會向他人伸出援手的因素有這麼多，在我們有能力的前提之下，幫助他人仍然是多多益善且非常值得鼓勵的。

另一方面，從懂事以來，父母、師長教導我們要日行一善，也常聽到「助人為快樂之本」、「施比受更有福」等等的諺語。或許你也曾經想問，幫忙他人到底有什麼好處呢？福氣到底在哪裡？確實，幫忙他人並不會讓我們變漂亮、變帥或是變得更富有，無法讓我們獲得實質上的回饋，但卻可以讓我們獲得用錢也買不到的東西喔。這些常聽到的諺語都不只是一種鼓勵幫助別人的口號，心理學家以求知的精神，進一步透過實驗的方式，讓我們知道這些諺語其實都是有根據的！

如果順利過五關，完成助人心理歷程五階段了，那麼幫助他人之後，又會對我們造成什麼影響呢？我們又會獲得什麼呢？

美國耶魯大學心理學家安思爾（Emily Ansell）及拉珀索（Elizabeth Raposa），透過刊登廣告的方式，招募到了77名年齡大約在18歲至44歲的民眾，進行一項為期14天的研究，想了解幫助他人的行為，會不會讓日常生活的心情和心理健康有所變化。

在這14天當中，參與者每天晚上9點30分的時候，都會接到簡訊通知，提醒他們把當天生活中的兩種事件記錄下來。一種是感到壓力的事情，而另一種是幫助別人的行為，像是幫別人開門、教人做功課或詢問他

人是否需要幫助等，不論那件事大或小，只要是助人行為都可以記錄。除此之外，參與者每天也要記錄自己的情緒和心理健康狀況。

14天之後，研究人員把資料都蒐集起來，並經過統計分析發現：較常幫助他人的參與者，所記錄的正向情緒會較多，而且心理健康程度也較好，面對生活壓力的時候，較能正向看待應對；相對的，不常幫助他人的參與者，所記錄的負面情緒會較多，而且心理健康程度也相對比較差，面臨生活日常壓力的時候，會出現較多的負面情緒。

還有一個令安斯爾博士感到非常驚訝的結果，她發現到如果參與者在某一天覺得自己感受到十分大的壓力，同時在那天也有比較多幫助他人的行為，就會發現當天整體的心情感受還是相當不錯的，較不會受到壓力的影響而打壞了心情！

幫助他人，就是在幫助自己

通常我們感覺壓力大、心情不快樂時，總是會希望得到他人的幫忙或支持，希望別人聽我們吐吐苦水或拉我們一把，帶給我們好心情。然而如果我們可以主動去幫助有需要的人，反而更能有效的帶給我們正向的感受，讓我們心情快點好起來。因此當我們幫助別人的時候，其實也是在幫助自己。幫助別人會讓我們產生較正面的心情與感受，進而使我們能夠以樂觀的態度面對生活中大大小小的壓力。

因此，當我們心情低落、悲觀時，若可以換個想法，主動去幫助他人，即便是一件舉手之勞的小事情都好，你會發現，助人這件事不僅會讓他人受益，也可以為自己帶來好心情喔！

哇賽
聊天室

　你可以在回憶中找找，是否有想幫助他人卻沒有出手的例子，對應前面提到的助人心理歷程五階段，來想想看是卡在哪一關。

　博士以前有一次騎單車遇到紅燈停下來，看到一個老奶奶正過馬路，她提著東西又走得慢。當下我想過要去扶她一把，但又同時思考：這位老奶奶真的需要我幫助嗎？我像這樣先在理解的第二階段卡關，然後又在判斷跟行動的關卡卡住，心想：那我單車就放在路邊可以嗎？

　就在我猶豫時，綠燈了，我不得不往前騎。才騎過一個路口，我就不停後悔，應該不要想那麼多，直接去做就好。博士一直把那次的經驗記在腦海裡，提醒自己有助人機會時不要遲疑，希望你也能藉由這樣的回想練習，提醒自己要幫助他人時就起身而行吧！

Q1 我每天刻意去助人，這樣就可以每天都快樂嗎？

A1 關鍵在於「幫助他人不求回報」，如果是為了要讓自己開心而去幫助人，一開始就帶有「利己」這個目的，那麼助人所帶來的開心程度就會大大降低囉，因為你會期待有回報，那麼就容易去比較、有得失心。其實，不求回報的助人才會最快樂。

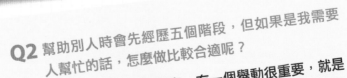

Q2 幫助別人時會先經歷五個階段，但如果是我需要人幫忙的話，怎麼做比較合適呢？

A2 這點心理學家也有研究，有一個舉動很重要，就是明確表達出自己需要幫忙的樣子，這樣有心的人就可以不用擔心、考慮很久，能立刻行動來幫助你。

04

換個角度，
人際關係不緊張

實地操作竟然比直接記憶知識有效？環境有
點噪音反而可以學得更好？看電影小說也是
在幫助學習？帶著幸運物，竟然就會有好表
現？這些出乎意料的外來小助力，將大幅增
加你的學習力！

第14話

交朋友的第一步，
就從笑開始

　　我們聽到有趣的笑話時，會噗哧一聲笑出來；得到他人稱讚而開心時，會臉紅害羞的傻笑。「笑」代表了我們的情緒狀態，感到開心快樂，我們的嘴角就會自然而然的上揚，甚至發出開朗笑聲。

　　然而，笑容本身其實也會影響我們喔！1988年，心理學家斯崔克（Fritz Strack）曾做了一個廣為流傳的實驗。他將實驗參與者分成兩組，第一組的人要用牙齒咬著豎直的筆，這樣臉部的表情看起來就像是在笑；而第二組的則用嘴巴含著豎直的筆，雖然筆都是直的，但嘴巴動作不同，臉部的表情就很不一樣，第二組的人看起來像是憂愁的樣子。

　　接著，研究人員對這兩組人都播放同一部卡通，再讓參與者評分這部卡通有多好笑。結果發現牙齒咬著筆，表情像笑容的那組人覺得卡通比較好笑；看起來沒笑容的那組人則覺得沒有那麼好笑。這個實驗結果支持了「臉部回饋假說」（facial feedback hypothesis）。心理學家認為不僅情緒可以帶動我們臉部的表情，我們臉部的表情也會影響情緒變化。

笑可以提升幸福感

　　這個實驗發表之後，就成為心理學經典的教材，也在許多企業訓練中

廣為使用。但是到了2016年，有其他心理學家重複做了這個實驗，卻無法發現一樣的效果，於是大家對於臉部回饋假說的理論開始產生爭論。

直到2019年，史丹福大學心理學家科爾斯博士（Nicholas Coles），邀請了臉部回饋假說的支持者和反對者，蒐集他們的意見，設計出一套讓雙方都滿意的研究計畫，決定再做一次實驗！

這次科爾斯博士招募了將近4000名參與者並隨機分成三組，第一組仍然是用牙齒咬住筆，讓臉部出現笑容，第二組則是模仿照片中演員的微笑表情，第三組則是被告知控制臉部的肌肉，讓嘴角向耳朵方向移動，並試著拉提臉頰（看起來也像是在笑）。

接著，科爾斯博士讓這三組人觀看一些小狗、小貓、鮮花以及煙火等等令人感到愉悅的照片，再讓大家評估內心幸福感受。結果，模仿微笑表情的那組人以及控制臉部肌肉像在笑的這兩組人，都覺得內心的幸福感有明顯的增加，但用嘴咬著筆的那組則沒有明顯的情緒變化。

明明都看起來在笑，為什麼用嘴巴咬著筆就沒有效果呢？研究者推論這是由於咬著筆的臉部表情其實並沒有與人的微笑表情相似，因為我們很少會出現用牙齒咬著東西的笑容，兩者情境上有不小的差異。2016年重複實驗的心理學家無法再作出一樣結論，關鍵原因可能就是如此！

笑容的厲害功用

笑容除了表達我們愉悅的情緒，能讓我們自己心情好起來之外，其實笑容還具有感染力，可以影響身邊周遭的人。不僅能讓別人跟著我們一起開心，它甚至還能夠幫助我們結交朋友！

英國心理學家艾倫·格雷（Alan Gray）曾經做過一個實驗，將112名彼此不認識的大學生隨機分成三組，第一組大學生觀看會讓人有好心情、而且還會哈哈大笑的喜劇脫口秀；第二組大學生則是觀看讓人有好心情，但不會特別讓人發笑的森林紀錄片；第三組大學生則是觀看平淡無奇的高爾夫球教學影片。

每一組都以4個人為單位進到一個小房間觀賞影片，彼此之間都隔著一點距離坐著。研究者還偷偷在他們身後放了一臺錄音機，錄下他們看影片時所發出的笑聲。

等影片播放結束之後，心理學家就發給這4個人一人一張色卡，分別是紅色、藍色、綠色及黃色，並互相展示給彼此看看手上拿的是什麼顏色的色卡。接著請他們彼此背對背，並填寫一張問卷，問卷上面這樣寫著：

「在與您一起欣賞影片的其他人當中，請為持有（特定顏色）卡片的人寫下一些您自己的個人資訊，以便讓對方好好的了解您。請在以下表格寫下關於您自己的5個資訊，稍後您將有機會與這個人進行互動。」

把所有的資料都蒐集起來，進行分析後，想當然的觀看喜劇脫口秀所發出的笑聲最多，但特別的是，雖然第一、二組所看的影片都同樣會帶來好心情，但發出較多笑聲的第一組，組內成員的感情會比較親密，也會願意告訴組內成員較多關於自己不為人知的事。他們的紙條會寫：

「今年一月的時候，我因為跳舞而摔斷了我的骨頭。」

「其實我喜歡看的影片，有一半是迪士尼系列（羞）。」

「我的房間超髒（甚至還有老鼠！）。」

相較之下，觀看影片沒有發出笑聲的組別（第二組及第三組），所透露的個人訊息沒有這麼隱私，比較像是跟初次見面的人寒暄時會說的話，例如：

「我是牛津大學伍斯特學院的一年級新生。」

「我來自英國的切爾滕納姆小鎮。」

「我喜歡吃各地的美食小吃。」

而且更有趣的是，第一組的人幾乎都沒有意識到自己透露了這些個人私密的事，也就是說，笑聲不僅會拉進人與人之間的距離，還會讓人在不經意之間多透露了一些自己的小祕密呢！

腦內啡的神奇效果

為什麼笑聲會有這樣神奇的功能呢？一個可能是由於在笑的時候，會促進腦袋裡的腦內啡分泌。腦內啡也被稱為「快樂嗎啡」，顧名思義，當大腦分泌「腦內啡」的時候會使我們感到心情愉快、放鬆，讓人感覺良好，不僅可以減輕疼痛感，還可以緩解緊張和焦慮。

因為腦內啡的作用，使我們在與不熟悉的人相處時，更能放下戒心，願意多與他人互動交流，並分享許多關於自己私密的事情，若彼此都願意打開心胸、聊聊內心話，會使我們彼此更加信任，較容易加深關係，成為親密的好朋友。

笑不僅會讓我們心情愉快、外表看起來親切，透過這個研究也讓我們了解到，原來笑也會在不知不覺中讓我們敞開自己的心胸，主動去認識他人、與人交心。所以，別以為板著一張臉很酷又很帥，其他人就會主動想來認識你呢，其實應該多展現一點笑容和笑聲，人緣就自然好！

哇賽
聊天室

　　文章裡提到第一個做咬筆實驗的心理學家斯崔克，雖然研究出經典實驗，但他的實驗也被後人反覆的驗證討論。後來斯崔克還因此得到了2019年「第29屆的搞笑諾貝爾獎」，得獎的理由是：「發現嘴裡咬著一支筆會讓人微笑，讓人變快樂，但之後又發現沒這回事。」

　　可別以為頒發這個獎項是在嘲笑他的研究，其實搞笑諾貝爾獎歷史相當有淵源，從1991年就開始舉辦，目的是要表揚獨特及創意，並且激發民眾對於科學、科技及醫學的興趣。

　　雖然得獎人只會拿到已經停止流通的10兆辛巴威幣以及一座紙做的獎座，但是所有獲獎的研究都曾在著名學術期刊上發表。搞笑諾貝爾獎的頒獎準則是：「乍聽之下會讓人覺得好笑，但仔細思考後是值得讓人省思的研究。」從事嚴肅工作的科學家，不僅也有幽默的心，他們還希望能從快樂的分享中，創造更深遠的科學突破。或許這也能算是科學家的笑容力量吧！

Q1 這表示我們不開心時，也要強顏歡笑嗎？

A1 千萬不要這麼做！如果你有負面情緒，藉合適的機會表達出來是很棒的事，沒有必要忍住甚至假裝，這樣反而對心理健康有負面影響。這個章節提到的研究，實驗背景都是：如果你現在的情緒是中性的，就是不好也不壞，那麼讓自己臉帶微笑表情，可以幫忙驅動好心情，人也會變得比較正向。

第15話

費斯你好厲害喔，要代表學校去數學競賽耶。

沒有多厲害啦，還要另外花很多時間準備，很麻煩的。

你還是全校數學第一，超級厲害！

有這樣的成績你一定很開心。

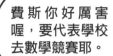

佈告欄

謝謝你們，其實我超開心的！我會好好努力。

恭喜費斯代表學校參賽，也恭喜你解開謙虛的陷阱。

陷阱？

謙虛不一定總是讓自己看起來和善，很可能會讓人覺得不真誠。

真心接受別人的讚美，才是真誠對待彼此。

對啊，像我就直接接受大家說我帥喔！

我們才沒有這麼說！

假裝謙虛會有反效果

這次考試結果，好不容易拿了一個不錯的分數，你心裡感到非常開心，很想跟其他人分享，但又怕表現得太明顯，惹別人不開心，這時候你會怎麼表達呢？

「Yes！我的數學成績是全班第一名！」

「啊！我真是太粗心大意，要不然數學差那麼一點就可以滿分了！太可惜了！」

為了不要表現得太驕傲又自大，惹他人討厭，有些人往往會選擇第二種表達方式，覺得透過不是那麼明顯的方式來表達內心的喜悅和自滿，但又可以讓人知道自己有不錯的表現，能夠吸引其他人的注意和讚美。

然而，這樣的方式真的能讓聽者感受到你的謙虛，真心的覺得你很厲害嗎？還是說，我們倒不如直截了當的說自己考了第一名，反而會更好一些呢？

不討人喜歡的假謙虛

在另一種常見的情境裡，巷口的三姑六婆正在七嘴八舌的聊天，其中隔壁的王媽媽說到自己已經出社會的兒子，看似謙虛的說：「唉！我兒子

就是不會讀書啊，當不了醫生，只好去台積電工作。」對面的蘇媽媽也接話說：「我女兒才是不成材！不聽我的話跑去美國工作當律師，離鄉背井的多可憐！」婆婆媽媽們都用著看似謙虛的口氣在談論自己家的小孩，但總覺得哪裡怪怪的，乍聽之下好像是在抱怨，但仔細一聽卻像在炫耀。

又或者是我們滑著手機，瀏覽社群平臺的貼文，時常會看到身材窈窕的網美，說自己好胖，需要減肥；身材超健壯的型男，說自己的肌肉還練不夠壯，還需要飲食控制。

看到這些貼文，不免覺得我的天啊！如果那樣還叫做身材不好，什麼才叫做身材好啊？我們這些凡人該如何是好？

這樣「假裝謙虛」現象相當常見，不僅是網路社群或鄰里聊天時會出現，在每個人的日常生活中也隨處可見。雖然長輩從小就教導我們：「做人要謙虛，謙虛是一種美德」，那為什麼這種假謙虛的話語，聽起來卻是讓人這麼不舒服呢？

英國小說家珍・奧斯汀（Jane Austen）所著的經典名作《傲慢與偏見》中，男主角達西先生曾說過一句話：「假裝謙虛是再虛偽不過了的，它們往往是信口開河，有時只是拐彎抹角的自誇。」這臺詞可說是最好的解釋！

認真分析假謙虛的心理學研究

來自美國北卡羅來納大學心理學家瑟澤（Ovul Sezer）以及哈佛大學的吉諾教授（Francesca Gino）也注意到這個現象，於是一起聯手進行一系列的心理學實驗，看看這種謙虛式炫耀是否真的很常見？它們真的能夠達到效果，讓聽者覺得這是真心的謙虛嗎？

心理學家先找來了118名成年人，進行為期一個星期的實驗，這些參

與者每天下午4點的時候都會收到手機通知，請他們上網填寫問卷，問卷內容是請他們回想過去24小時之內，身邊的朋友、家人、同事或是其他認識的人有沒有出現「假裝謙虛」的行為，像是說出：

「我厭倦別人老是把我當模範生了！」

「我不敢相信！他們竟然選我當班長！」

「我做事速度太有效率了，所以我現在好無聊！」

「明明沒有做什麼，為什麼有那麼多男生都喜歡我？」

今天就是大素顏沒化妝，大家還是說我很漂亮！

我做事速度太有效率了，所以我現在好無聊！

這些話好難回答喔，也無法叫他們不要化妝或工作效率不用那麼好。

仔細想想，如果真的對「假謙虛」內容給予建議，反而跟他們想要的效果不同呢。

研究者請實驗參與者將有出現類似假裝謙虛的話語就記錄下來，不管是面對面的對話、電話裡的交談、電子郵件的文字內容或是社交媒體的貼文都不拘。

過了一個星期之後，心理學家將這些問卷都蒐集起來，果不其然的發現，這種謙虛式的炫耀是相當常見的。在大家的回報中，一天至少會觀察到一次謙虛式炫耀的比例是45.09%，也就是說將近一半參加實驗的人，每天都至少會看到一次親朋好友講出這種假裝謙虛的話語。

除此之外，心理學家還仔細的將這些參與者所觀察到的謙虛式炫耀進行分類，發現大部分的都是在假抱怨真炫耀，並且以抱怨自己的外表長相或是工作的表現與成就為多數。

對人真誠才是重點

為了看看這樣的行為是不是真的會惹人討厭，接下來心理學家又安排了一個小實驗。這次他們從一家網路公司裡招募了608名員工進行線上實驗，並將他們隨機分成A組及B組。

心理學家請A組的人向B組傳遞一則訊息，目的是要讓B組的人感到可憐或同情A組。可以從3種不同的敘述方式選擇一則訊息來傳遞，第一種是單純抱怨，例如「累死我了！」；第二種是直接自誇，例如「我被選為組長了！」；第三種則是謙虛式炫耀，例如「我被選為組長了，真是累死我了！」。接著等B組收到訊息之後，再由B組成員去評量對於A組這個人的喜愛程度、能力好不好，以及覺得這個人真不真誠。

結果發現，大家普遍比較不喜歡使用第三種謙虛式炫耀的人，不僅如此，還會認為他們能力比較不好，並且評價這個人比較不真誠。

讓人出乎意料之外吧！會選用第三種的說話方式的人，往往是想討人喜歡，希望炫耀自己，但又不想太過明顯而引起別人的反感，因此採取這種謙虛式的炫耀，拐彎抹角的展現自己厲害的地方。結果，在心理學家所進行的實驗裡，卻讓我們發現原來使用謙虛式的炫耀，反而更會引起別人的反感，甚至是比直接炫耀更讓人討厭。最主要的原因，就是當我們這樣說話的時候，對方聽得出來我們其實是想誇獎自己，但是卻故意說自己哪裡做得不好，會讓人覺得好假、好虛偽。

人與人之間的相處，最重要的就是「真誠」。根據另一個心理學研究也發現，幸福又快樂的人所具備的其中一個特質就是待人真誠。所以囉，與其這樣假裝不好意思、假裝謙虛或是抱怨，倒不如直接大方的跟朋友分享自己的喜悅，不僅可以讓人覺得你是一個很真實的人，願意真心相待，還打從心底佩服你呢！

哇賽
聊天室

關於真誠，博士還有一件事想和你們分享。對他人真誠，可以贏得喜愛與尊重，這點沒錯。除此之外，對自己真誠也是相當重要的！所謂對自己真誠，即是誠實的面對自己。我們所說的每一句話或是每一個行為都反映了我們的想法、需求跟渴望，而當我們欺騙自己、不誠實的面對自己時，可能就會引發我們心理衝突，讓人覺得不開心。

博士以前為了跟每位同學都相處很好，就算是不太認同的人，也會主動積極跟他一同活動。久了以後，我發現自己這麼做並不愉快，心想：既然了解後還是不認同他，又何必這樣勉強自己呢？當然並不是從此完全不理會這個人，而是保持一般的相處模式，不會刻意去拉近距離。這樣真誠面對自己後，心情上也就好多了。你呢？有沒有什麼事，讓你心情不舒服，不如試試看真誠的面對自己的想法，或許能幫助你解開心結喔！

Q1 我看到同學老是會有這種謙虛式的炫耀，感覺確實不愉快，該怎麼告訴他呢？

A1 其實最簡單的方法，就是拿這篇文章跟他分享囉。當然，也可以直接向他表達。正如這篇文章前面提到的真誠，你可以用和善的語氣恭喜他有好表現，讓他知道這是會被接受的。但一方面可以善意的提醒他不用刻意謙虛。畢竟有好表現，就代表有努力啊。過度謙虛反而忽略了過程中的努力，大家也希望學習同學這部分的投入，以後才能一起都有好表現。

第16話

今天請每個人分享自己令別人驚訝的一件事。

我其實喜歡韓國偶像團體！還會去機場接機。

正經嚴肅

哇～

我是個唱歌會走音的音痴，還嚇到過小動物。

會畫畫就會唱歌

哇啊！

我很會織毛線喔，每年冬天都自己織圍巾手套。

男生不會織毛線

看我的！

我是很會做木工，我還幫社區公園做了張椅子喔。

笨手笨腳

太強了，完全看不出來！

每個人都有很多精采的特點！

練習撕掉表面標籤，重新了解別人吧。

還有我，一點也不嚴厲死板。

而且還幽默風趣又受歡迎！

這倒是不用特別説明了啦！

別為他人貼標籤

　　有人說：「學音樂的小孩不會變壞」，所以很多人認為會彈鋼琴或拉小提琴的小孩，就是品學兼優的好學生。相反的，要是愛玩就是成績不好的學生。這就是把別人貼上標籤，並做簡單的分類，雖然這能讓我們快速的判斷並認識他人，但其實這並不一定是件好事。因為當我們對他人產生固定的看法之後，就好像真的在他身上貼了一個標籤一樣，一切言行舉止，由我們的角度看起來，都會符合我們替他貼上的標籤所形容的特質，這就是所謂的「標籤效應」。

　　標籤效應不僅僅只會出現在我們評論他人的時候，大至一個國家、種族、族群，或小至一個商品，都有可能出現標籤效應。試著回想看看，我們是不是常會認為白人的國家都是先進又富有呢？是不是會認為日本製造的商品一定好用，貴一點也無所謂呢？這些不用思考就蹦進腦袋裡的想法，就是我們對他人所貼的標籤。

艾略特老師的班級實驗

　　1968年，美國黑人民權運動領袖馬丁‧路德‧金恩博士（Martin Luther King Jr.）遭到暗殺身亡。在那個年代，白人嚴重歧視黑人，讓黑

皮膚的美國人遭受到相當不平等的對待。

在馬丁・路德・金恩博士被暗殺的幾天後，有一位美國教師珍・艾略特（Jane Elliott）在她的國小班級上開始實施一個實驗，讓這些小小年紀的學生知道什麼是歧視以及被歧視的感覺是如何。

艾略特老師先將班上的小孩分成「棕色眼睛」和「藍色眼睛」，而且藍色眼睛組的小孩還要綁上一條代表較低階級的領巾。接著，老師告訴大家說，棕色眼睛的孩子比較優秀，所以他們可以享有一些特權：他們可以坐在教室的前面，午休時間可以多睡五分鐘，還可以玩各式各樣的遊樂設施。與此同時，藍色眼睛組的孩子只能在一旁觀看。

除此之外，老師在課堂上還會不停的誇獎棕色眼睛組的孩子好聰明，而對藍色眼睛組的表現不停的挑毛病。結果，棕色眼睛組的學生開始出現自大、驕傲又霸道的行為，還會用言語恐嚇藍色眼睛組的孩子。

隔天，艾略特老師突然說她搞錯了，其實藍色眼睛組的孩子才是比較優秀的，於是變成棕色眼睛組的孩子要別上代表較低階級的領巾。結果藍色眼睛組的孩子馬上露出笑容，棕色眼睛組的孩子則開始變得懦弱起來，前一天自傲又霸道的行為馬上消失無蹤。

這個活動結束之後，艾略特老師請兩組人互相擁抱與和好，請他們寫下這次體驗的感想，並告訴他們這就是歧視。當時尚未出現「標籤效應」這樣的詞彙，但艾略特老師的實驗為後續研究發揮承先啟後的重要角色。

經典的假病人實驗

時間來到1972年，史丹福大學的美國心理學家大衛・羅森漢教授（David Rosenhan）進行了著名的「假病人實驗」。他找來8個人（包含他自己）假扮成病人。這些人的職業被分配為學生、3位心理學家、兒

科醫生、精神病學家、畫家與家庭主婦。這8個假病人都向真實的精神科醫生說自己有嚴重的幻聽症狀（實際上並沒有），一直覺得耳朵旁發出「砰、砰、砰」的聲音，除此之外所有的言行舉止都相當正常。

結果他們8個人中有7個人被醫生診斷有精神疾病，因而被送進醫院。在醫院中，這些假病人的行為恢復正常，不再表現出有幻聽的症狀，也沒有表現出任何其他不正常的行為舉止。然而，卻沒有一個假病人被醫院裡的醫護人員識破。也就是說，只要在一開始被認為是有精神疾病，就算他之後表現得很正常，還是會被當成精神病患看待。

由於這些假病人已經被貼上「精神病患者」的標籤，所以當假病人要求出院時，醫護人員都認為這些病人的症狀發作或加劇了，因此不准他們出院，並且要求他們繼續接受醫院的治療，甚至認為他們覺得自己已經痊癒是種妄想，變成了會說謊的病人呢！經過一個多月以後，這8個人都陸陸續續出院了，出院的原因並不是因為被識破或被診斷痊癒，而是被醫生判斷有「暫時好轉」的現象，所以可以出院了。

隔年羅森漢博士將這樣的實驗結果發表了一篇研究論文，這對醫界可說是莫大的打擊。於是，有醫院向羅森漢博士放話要挑戰，要他在三個月內再派假病人過來，他們一定可以通通揪出來，而羅森漢博士也接受挑戰了。三個月過去之後，這家醫院總共檢查了193名病患，非常得意的宣稱他們從中揪出了41名假病人。結果晴天霹靂的是，羅森漢博士說他根本沒有安排任何人裝成病患去醫院受檢查。

標籤效應的真實意義

這個研究顯示出「標籤效應」帶來的影響，一旦人被貼上某類標籤後，別人就會依照那種分類來看待他，把他的行為都認定是符合標籤的分

類，而且之後就難以再改變。

　　除此之外，這也會影響被貼標籤的人。當人被貼上某種標籤時，例如壞小孩或好學生，他對自己的看法也會受到標籤的影響，不知不覺中所表現出來的行為會越來越符合被貼的標籤。像在前面提到的艾略特老師的實驗中，被分類為比較差的學生，行為就會變得比較懦弱、膽小，而被認為是比較優秀的學生，行為就會自然而然變得比較驕傲、自大。

　　這個現象放到我們的日常生活來看，要是學生成績不好，就容易被貼上「不聰明」的標籤，這會妨礙他人看見他的其他優點。無論這個學生表現出什麼行為，周遭的人一旦認為他是不聰明的，都朝同一個推論解釋，逐漸的這個學生對自我的看法也會受到標籤影響，認為自己真的是不夠聰明、沒有能力的。

　　但是「標籤效應」只會產生不好的影響嗎？其實也不一定，我們也可以利用它來提高自己的信心。

　　你可以試著這樣做做看，當我們做出助人的行為時，就為自己貼上「熱心助人」的標籤；當學業成績上表現不錯時，就為自己貼上「認真努力」的標籤。我們為自己貼上這些標籤後，也會逐漸做出符合這些標籤的言行舉止，自己也就會越來越好。因此在生活中遇到挫折後，要是被人貼上了較不好的標籤時，提醒自己可不要被他人所貼的標籤給困住了，要為自己貼上正向的標籤，相信只要努力就可以變得更好，如此就能保持信心，表現出自己好的那一面喔！

溫暖善良。　智慧又努力。　直率有效率。　開朗真誠。

哇賽
聊天室

　　看完這篇文章，相信已經能為你帶來一些幫助了。艾略特老師在班級實驗結束之後，她向每位孩子說明了進行這個實驗的目的，便是希望大家不要歧視他人，並體會被歧視者的感受。

　　17年後，有一名紀錄片導演聯繫上了當年班級中的學生，這些人都表示這個實驗對往後的人生影響十分巨大，而這些影響是相當正面的，讓他們長大之後更容易接納不同種族、不同宗教，以及不同意見的人。

　　因此，先知道標籤效應的存在、了解自己會不知不覺的幫別人貼上標籤，這樣就已經是個很棒的開端，未來便有機會提醒自己，不要在無意中歧視他人。

Q1 我要怎麼知道自己在幫別人貼標籤呢？

A1 可以注意一下，如果生活中會出現「他就是這樣啦」、「這個他一定做不到」、「死性不改」等想法時，就表示對這個人已有定見囉。當然這些看法不見得一定是錯的，但是對別人保有期待，可以幫助他更有動力去做出改變。只是一定要記得謹慎檢視自己的看法，正確運用標籤效應。

Q2 我要怎麼避免被貼上不好標籤呢？

A2 當發現自己被別人貼上不好的標籤時，當然可以用合適的方式表達出來，但更重要的是，不要有那種「我就爛」的心態，反而更要透過行動來讓大家知道，自己並不是他們所想的那樣。

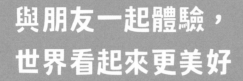

第17話

與朋友一起體驗，
世界看起來更美好

　　我們也許都有過這樣的經驗，跟好友一起吃著飯時，不管吃什麼都會覺得美味又開心。大家一起旅遊時，就算是很平凡的公園，也可以有各式各樣的樂趣。

　　當這些行為換成一個人獨自做時，好像就沒有那麼有意思了，是因為自己不懂得欣賞嗎？還是跟其他人一起才會比較美好？

與朋友分享巧克力會更好吃

　　耶魯大學心理學家布斯比（Erica Boothby）在2014年的時候，就針對這個現象設計了一個實驗，來看看是不是與別人共享的體驗會比較快樂。她從校園裡徵求23名女大學生，請她們分別到實驗室來，並告訴她們還有另外一位也要一起進行實驗、實際上是研究人員假扮的學生。她請兩人可以先稍微認識一下，待會就開始進行任務。

　　接著心理學家告訴這兩個學生，他們會分別被隨機分派進行一項任務，可能會抽到「品嘗巧克力」或是「欣賞畫作」，然而心理學家故意讓他們都共同抽中「品嘗巧克力」的任務，於是這兩個學生便一起吃了巧克力，然後寫下美味程度的評價。

接下來進行第二回合，這次女大學生會被故意安排抽中「品嘗巧克力」，而研究人員假扮的參與者則是抽中「欣賞畫作」，於是這些假扮的人就會離開房間，假裝去別的地方欣賞畫作，留下女大學生獨自一人吃巧克力，然後對美味程度寫下評論。

參與者不知道的是，兩次的巧克力其實是一模一樣的，只是偷偷的換上不同包裝，讓它看起來好像是不同口味。結果發現，參與者普遍都覺得第一回合的巧克力比較好吃，而第二回合獨自一人吃的巧克力則沒那麼美味，但這明明就是一樣的巧克力呀！為什麼會這樣呢？

心理學家又進行了第二個實驗。與第一個實驗的流程大致上相同，唯一不同的是，研究人員把美味的巧克力換成普遍較難以接受的黑巧克力，吃起來的味道一點都不甜，又苦又澀。結果女大學生反而認為與他人一起吃巧克力時，感覺更為難吃。這表示當身邊有人一同體驗時，好吃的東西會更好吃，而原本就難吃的東西會變得更難吃！原來，與好朋友一起所體驗的經驗，不僅僅只是帶來快樂而已，還可以讓好的經驗變得更加有趣難忘，壞的經驗變得更加嚇人呢！

沒有互動的分享也能提升體驗嗎

當我們與身邊的人一起從事一些社交活動，例如吃飯、玩遊戲、旅行等，通常可能會因為過程中的聊天交談、分享心得，使得我們對整個活動的感受、印象變得更加深刻。

如果我們一起從事的行為換成沒有辦法互相及時交流的靜態活動，例如看電影、欣賞美術展覽等等，這些活動的性質通常需要保持安靜、很難與身邊的人進行交流，那麼還會有一樣的現象嗎？

2017年，心理學家布斯比又改良她的實驗來找出答案。她從校園裡

找來26名男性及34名女性大學生，告訴他們要為一些圖畫作品評分。心理學家在招募這些人時，已經先記錄下這些來報名的學生，哪幾位彼此是好友關係，哪些彼此互相不認識，方便後續為他們分組。

實驗開始後，每個人都需要待在一個小房間裡，透過電腦觀看48張圖畫作品，同時針對每張圖畫的喜愛及真實程度進行評分。在進到小房間前，大家都不知道自己是獨自一人進行評分，還是跟陌生人或朋友一起進行評分。就算有其他人一起，彼此之間也不能交談，評分的時候也需要背對背進行以防對方看到。

結果發現，如果是跟熟識的好朋友一起進行圖畫評分作業的話，即使在過程中是背對背，沒有交流聊天，他們各自所評的分數都會比較高，會覺得較喜歡這些圖畫，也認為畫得比較真實。特別的是，當他們被安排與陌生人一起評分時，所評的分數會比起一個人評分時還低！也就是說，與熟識的人一起觀賞畫作或攝影作品時，即使兩人間沒有交流互動，所體驗到的感受會比獨自一人時好。相反的，如果是跟陌生人一起，又是擠在小空間的話，就可能會產生反效果。

生活中也常常發生這類的情景，像是欣賞美景或是觀賞電影時，總是喜歡找好朋友一起去，之後也比較容易覺得特別好玩與難忘。而如果自己一

小聲⋯

哈哈，以後我要「熱心」陪膽小的費斯去看恐怖電影，增強他的體驗了！

?

個人去美術館欣賞作品時，當身邊沒有可以分享的夥伴，如果又被不認識的人給擠來擠去，就算有再怎麼美麗的作品都會覺得不夠吸引目光，似乎也變得無趣了。

世界看起來比較美好的原因

為什麼會產生這樣的有趣現象呢？第一個可能性是，我們在熟識的人身邊會感到有安全感、自在且舒服，因此會降低對自我的關注、比較開放，提升對外在環境的注意力，這樣一來，感受就比較敏銳。

第二個可能性是，與熟識的人一起時，可能會產生移情的反應。也就是說，對於身邊好友的喜愛會影響我們看待這世界的角度，有點接近愛屋及烏的意思，喜愛一個人，連帶的喜愛他所接觸的人事物。

相對來說，當自己一個人或是身邊有陌生人時，會提高警戒心，把注意力放在自己身上而不是外在環境，比較不會留意外在環境的人事物，難以敞開心懷，放鬆的欣賞美麗的景色，從雙眼看出去的角度也較難令人充滿愉悅或歡笑。

「與你分享的快樂，勝過獨自擁有，至今我仍深深感動。」這是一首經典老歌的歌詞，歌詞所描述的字句十分貼切這篇文章的重點！換個角度思考，在這個人口密集的世界地球村中，每一天張開眼睛就開始與他人接觸，不管彼此認識與否，他人的存在會默默的影響我們對周遭環境、對世界的看法和感受。同時我們的存在也會影響著他人。既然如此，不妨就多交點朋友，多跟朋友一起去看看這世界，這樣或許比自己獨自一人所看到的世界還要更美麗！

哇賽
聊天室

　　平常你都習慣一個人參與活動，還是喜歡與人一起呢？如果你是自己一個人做各種活動都能感到放鬆的人，那也不一定要勉強找人一起。博士年輕時曾經一個人騎著單車，從花蓮騎到臺東，花了兩天的時間都在騎車。雖然一整天都只有一個人，但那也是個很不一樣的體驗。沒有別人一起歡樂，雖然少了很多樂趣，但也因此有更多時間去看山、稻田、以及周遭的人事物，那種樂趣跟多人在一起時又很不一樣。

　　不過，也許你覺得，並不是所有活動都想跟其他人一起進行，你如果覺得有時想要自己一人，有時想和別人一同做某事，那也都是很自然的。例如博士看電影的時候，很喜歡跟其他人一起看，因為我會想要跟人討論劇情，若能一邊看一邊討論會更有趣。但是在電影院裡一直聊天的話會干擾到別人觀影，會被他人白眼，因此都盡量在家裡看，和人一起在沙發上，要橫躺要正坐都可以，愛吃什麼零食也都沒問題，最重要的是能隨意聊。無論是哪一種活動，是單獨行動或與他人共同參與，只要能找到讓你放鬆的狀態，那就是最好的狀態了。

我也是，能一起
討論聊天，不買
東西也有趣！

我的話喜歡和朋友
一起逛街！

Q1 如果和他人一開始不認識，先聊一下變得熟悉後，會不會也可以有共享的樂趣呢？

A1 你說得有道理！如果跟人聊得來的話，應該也會有類似的效果，不過應該還是親密的朋友效果最佳。就像有首老歌唱的：「朋友還是老的好。」

Q2 是不是就要避免一個人去吃飯跟旅遊呢？因為樂趣比較少嘛。

A2 就像博士前面講的，如果懂得方法，一個人也會有獨特的樂趣。例如吃飯，請記得把自己的各種感官都打開，仔細、緩慢的去體驗各類型的感受。舀起一口飯時，可以先觀察一下米飯的光澤、聞一下香氣，送入口後慢慢咀嚼，感受米飯的嚼勁與味道，像這樣全神貫注在體驗裡，也可以有很美好的收穫，下次自己一個人吃飯的時候不妨試試看。

其實不管是一個人活動，還是找人一起，能專注在當下，好好用心體驗，都是非常棒的！

讓世界
變好的力量

我們學會了用好的方式思考、做決定,並在學習與生活上獲得進步,也交到值得信賴的朋友。當我們漸漸成長後,還有沒有什麼方法,可以讓周遭變得更好呢?

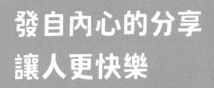

第18話

發自內心的分享讓人更快樂

「送人玫瑰，手有餘香」、「施比受更有福氣」，許多耳熟能詳的名言佳句都是在鼓勵我們多多與人分享、告訴我們分享的重要性，分享會讓我們成為更好的人、更快樂等，這可不是憑空杜撰，而是有所根據的呢！

分享讓人快樂，快樂又再推廣分享

心理學家確實發現當我們和朋友分享事物時，真的會比較正向、開心。2014年有心理學家設計了一個實驗，他們找來30對好朋友，把每一對的兩人分別安排在不同的房間。不過，分開的兩人在房間裡做的是同樣的事，一樣都是坐在電腦前觀看一系列的圖片。

其中一位只需要觀看電腦的圖片就好，而另外一位除了看電腦的圖片之外，還必須接受功能性核磁共振造影（fMRI），觀測大腦各部分活動的情況。

他們所觀看的圖片有很多，大致上可分成三個類型：第一類圖片會引發觀看者的正向感受，例如美食主題。第二類是看了之後，令人感覺比較負面，例如車禍的圖片。第三類則是觀看之後，引發的感受不好也不壞，沒有特別的感覺，例如家具的圖片。

被安排需要被記錄大腦活動的那一位參與者，每一張圖片出現在電腦螢幕前，有些照片會被標記為「隔壁房間的好朋友也會一起看到同一張」；有些則是只有他自己一個人才看得到，這兩種情況都可能會發生。

實驗結束之後，研究人員發現，不管圖片是好的還是不好的，只要被告知這張圖片正跟隔壁房間的朋友一起觀看時，他們都會覺得情緒比較正向。除此之外，當知道跟朋友一起看同一張照片時，大腦掌管獎勵的部位明顯比較活躍，這會使我們產生愉快的感覺，讓我們越來越喜歡跟朋友一起分享。

從這個實驗可以知道，與朋友分享確實會讓我們情緒變好，感覺比較愉快。而且這樣正向的感受，會再進一步推動並鼓勵我們多多與朋友分享，猶如一個善的循環，讓世界因此變得和平又美妙。然而，分享的研究可不是到此為止，精采故事的情節往往都是曲折又出乎意料之外的。分享讓我們感到快樂，可不是這麼簡單就說明完了，還有一個很重要的因素，深深影響著快樂或不快樂的關鍵。

被迫分享仍然會快樂嗎

心理學家伍珍博士（Zhen Wu）及她的一些同事，還進一步思考到一些問題。他們想知道，當父母或是老師鼓勵小孩子與他人分享，小小年紀的孩子是否能從這樣分享行為中感受、體會到什麼？假設是在有壓力的情況之下進行分享，一樣會讓人感到快樂嗎？最後他們決定設計一個實驗，好好研究一番，找出這些問題的解答。

他們招募了一百多名年齡介於3歲到5歲的小朋友，分成兩組後，讓每個人都先玩一個益智遊戲，結束後可以得到6張貼紙當作獎勵。差別在於，研究人員告訴第一組的小朋友，昨天也有別的孩子來玩，但因為當時

貼紙發完了，所以昨天那些小朋友雖然完成遊戲，卻沒拿到貼紙。

對第二組小朋友，研究人員則是告知，昨天那些小朋友益智遊戲只完成一半所以沒有拿到貼紙，今天的小朋友其實是接續著昨天的成果，與前一天小朋友合力完成遊戲。這是在暗示小朋友所獲得的6張獎勵貼紙，應該要跟昨天的孩子分享。

接著，研究人員讓每位小朋友自由選擇，願意分給昨天的小朋友幾張貼紙，並將他們分享的情形記錄下來。第一組小朋友會被歸類為主動分享，因為他們並沒有義務要分給昨天的小朋友，單純是自願想分享；但第二組小朋友則是歸類為被動分享，因為大人告訴他們遊戲有賴昨天小朋友的協助才能順利完成，這暗示著小朋友應該要分給他們一些才公平。

發自內心的分享才能帶來快樂

結果發現，第一組的小朋友將貼紙分給別的小朋友時，雖然給的張數並不比第二組多，但他們當下的臉部表情看起來比較開心快樂。而第二組的小朋友雖然拿出來分享的貼紙張數比較多，但他們分享的時候，臉上的表情看起來就沒有如此愉快與情願。很顯然的，雖然都是分享，但主動分享就是會比被動分享還要快樂。

由此可知，分享是否會帶來快樂，關鍵的因素就在於是否「發自內心」。當我們發自內心，願意主動與他人分享時，表示目前自己是有餘裕的，這會讓我們產生正向的感受，感覺較為快樂。這也是為什麼，我們會願意與別人分享自己所擁有的東西，或是去做一些對自己根本沒什麼好處的事。

相對的，如果我們被暗示或被要求分享的話，處在壓力之下就無法為我們帶來快樂的感覺。而伍珍博士的實驗也說明，父母或老師鼓勵孩子與

他人分享，可能會是徒勞無功的，與其不停灌輸分享的觀念、宣導與他人分享的名言佳句，還不如試試看打動人心的方法，讓孩子自己願意主動分享，才能讓孩子真的感到快樂，進而達到強化分享行為的效果！

你也可以創造自己的快樂分享時間喔！

哇賽
聊天室

　　仔細想想，實體物品的分享是會減少的，例如跟好友分享好吃的餅乾，自己可以吃到的就會少了幾塊，不過卻可以增添快樂的心情。其實分享也不一定限於實體的物品，像是文章第一個實驗中，是跟好友共享觀賞同一張圖片。無論是無形的知識或資訊、正向的心情感受或是好聽的讚美言語，都可以與身邊的親朋好友分享。這些美好的事物即使與人分享後的「總量」也不會減少，還可讓自己變開心呢！心理學研究也發現，儘管只是與朋友分享生活中簡單的小事，也會讓自己感覺很開心。所以，多多跟朋友分享吧！不僅能帶來快樂，還會加深彼此的友誼喔。

Q1 但有時跟朋友分享後，朋友也沒有特別開心或道謝，讓人感覺沒那麼好。

A1 這個觀察很好。我們可以從另一個角度想，分享也是要依對方情況而定。像是你將一塊很好吃的餅乾分享給朋友，但如果這個人剛剛才吃得很飽，或者是不喜歡這類的餅乾，又不好意思拒絕，這種情況下，分享的美意多少會降低。所以在樂於分享的同時，也別忘評估看看對方的需求，可別反而造成了朋友的壓力。

Q2 可是這樣我會擔心，分享萬一被拒絕怎麼辦？

A2 通常朋友間的好意分享都會被接受，不過還是有可能像上一段說的，對方可能不需要、甚至你分享的剛好是他不喜歡的，在這種情況下好意確實有可能被拒絕。不要被這種少數情況給嚇倒，分享這個舉動，已經傳達了對朋友的心意，相信他還是會感受得到。你也可以跟他聊聊為什麼想分享、他拒絕的理由，透過這些互動可以加深彼此的了解。

第19話

這次的漫畫修了好多遍都好糟,

該讀的書也沒有讀,我是不是沒救了……

看我的!

你還是畫得很棒啊!

讀我的筆記吧,應該能幫上忙。

【救援艾諾計畫】

好像好一點了,雖然還有點地方要加強。但是……

我收到很多的愛啊,是很幸福的人喔!

加油!

學習體會被愛，你會更樂觀

有一個很常聽到的故事是這樣說的：桌上放了一個裝了半杯水的玻璃杯。樂觀的人看到這個杯子，會覺得：「太好了！我還有半杯水！」而悲觀的人看到這個杯子，則會認為：「糟糕了，我只剩下半杯水了！」

這個小故事，簡單描述了樂觀和悲觀的兩種人，他們的個性和想法如何的不同。不過，這兩種這麼不一樣的個性，都是與生俱來的嗎？我們能夠改變這樣的個性嗎？

樂觀及悲觀的個性是天生的嗎

在1990年代初期，美國心理學家普羅明（Robert J. Plomin）曾經做過一項實驗，長期追蹤500對雙胞胎的狀況。結果他發現，約有 23%的樂觀與27%的悲觀是來自於遺傳，這表示，樂觀和悲觀個性的確有一部分是來自於天生的。

當然也有心理學家抱有不一樣的看法。有名的正向心理學家之父塞利格曼博士（Martin Seligman），就認為樂觀和悲觀可以藉由後天學習而來。他在1967年時，曾經提出一個「習得性無助」的假說。

賽利格曼博士發現，在電擊實驗中，如果小狗或老鼠不管怎麼按鈕，

都無法影響自己被電擊的結果，多次之後，這些動物就會趴在地上，不再有嘗試逃脫的行為，就像是絕望了一樣。

他進一步研究，推論出這種情況也會發生在人類身上。有時我們會出現「再怎麼努力也沒用」的想法，就是一種習得性無助的作用，讓我們放棄努力，悲觀的看待一切。

到了1998年左右，塞利格曼博士了解到，傳統心理學主要著重在治療疾病及處理問題，卻沒有教人該如何找到快樂，於是他開始去研究正向心理學，去探索什麼是快樂、該如何教人獲得快樂。他認為樂觀就如同悲觀一樣，是可以透過學習而來的，就好比有人習慣戴著灰色眼鏡看世界，但也有人努力讓自己看到光明，樂觀與悲觀的不同之處，只是看待事情的面向不同而已。

學習樂觀的第一步

塞利格曼博士曾列出了一個「快樂方程式」：

快樂指數＝天生的快樂幅度＋後天的環境和際遇＋自我調整的範圍

他認為天生的快樂幅度占比40%、後天的環境和際遇占比20%、自我調整範圍占比40%，所謂自我調整的範圍，就是我們面對問題的思考方式、自身能力以及所採取的行動。在方程式中，天生以及後天環境因素，都不一定是我們能選擇或控制的，那麼可以改變的，就是自我調整的範圍了！

那麼，該怎麼學習正面思考呢？你可能會想：我就是忍不住想到一些不好的事情，要正面思考根本不可能！先別急，隨著心理學研究範圍擴展

以及歷程不停的演進，近代的心理學家也陸陸續續找到了一些可以讓我們想法變得較正面且樂觀的簡單方法。

第一步，我們需要先離開這個討論樂觀的主題，去思考什麼是愛。很多人都會覺得愛不是實體的物品，聽起來很虛幻飄渺，但其實我們每天可能都在經歷愛的過程。

愛的感受不僅僅限於伴侶之間，日常生活中就有很多不同形式的愛，像是親人之間的愛、好友之間的愛。具體一點舉例，就好比在餓著肚子時，看到媽媽已經煮好熱騰騰的飯菜；在冷颼颼的冬天窩在家人準備好的暖呼呼被窩裡；同學寫給你的關心小語等，這些都是一種愛的形式。

心理學家從過去許多研究資料中發現，缺乏與他人的互動往來會導致孤單的感受，長期下來不僅影響心理狀態，也影響身體健康。相反的，多與他人聯繫接觸，不僅可以使我們在人際互動中成長，也會讓我們產生被愛著的感受。

被愛的感受，能為我們帶來什麼？

美國賓夕法尼亞州立大學心理學家奧拉維琪（Zita Oravecz）對於這種「生活中的愛」非常好奇，想知道在日常生活中，如果細心體會這種愛的感受，會對我們帶來什麼影響。

他找了上百人來參加研究，參加者從學生到工作者都有。實驗透過大家的手機來進行，在參與實驗期間，每天都會不定時的發送6次調查問卷到每個人的手機，每個人都要在時限內完成。

問卷中有10至12道題目，主要是詢問「你現在感受到多少愛呢？」、「你現在覺得幸福嗎？」以及其他人際關係、自我成就、樂觀程度等與幸福感相關的問題。

結果發現，雖然參與者的年齡有些差異，但不同年齡層所呈現出的結果是一致的。表示在日常生活中感受到較多愛的人，心理健康程度會比較高，面對挫折的時候會更加樂觀以對，認為生活充滿了意義，而且個性也比較外向、活潑。

　　有意思的是，在整個實驗的過程中，大部分的人感受到被愛的程度，會隨著實驗的進行而逐漸增加。但是，不同地點的每個人，生活中的愛都剛好越來越多，這也太巧合了吧？

　　針對這個有趣的現象，研究人員也推論出一種可能性：每天發送的問卷調查，雖然只花費很短的時間填寫，但也無意中提醒了大家去細心留意，生活中有哪些被愛的感受。

　　我們日復一日在學校與家庭生活當中度過，習慣之後也就把日子過得平淡了，往往因為疏於注意，一些微小而美好的事物就轉瞬流逝。

　　一旦有了提醒，我們就會更加細心體會每天發生的小事：朋友請客喝一杯飲料、家人的關心叮嚀、吃到喜歡的食物——原來我們身邊有那麼多人的愛與照顧。

　　當人感受到許多生活中的小地方都存在著愛，自然也會感覺更幸福快樂，有越強的心理力量去面對生活中偶爾遇到的挫折與不順利。

　　我們可以多加練習體會每日被愛的時刻，例如每天睡覺前想想當天發生的好事，或是簡單用一兩句話寫下來。這個動作不僅能幫助你在腦海中留下美好印象，還可以漸漸累積正能量，讓你更有自信與勇氣面對生活中的挑戰！

哇賽
聊天室

　　雖然悲觀與樂觀都是人的個性，各有其存在的必要性及優點，沒有孰好孰壞之分，但經歷過疫情、經濟動盪，我們知道生活有時就是會無可奈何變得不容易。透過適度的樂觀練習，可以幫助我們度過許多人生中的難關。除了文章內所提到的方法，心理學家塞利格曼博士也曾提出「ABCDE訓練法」，悲觀的人經過一番學習，也能擁有樂觀的想法。

　　所謂「ABCDE訓練法」可依序解釋為：

A：發生不愉快的事件（Adversity）
B：自己的想法（Belief）
C：可能發生的結果（Consequence）
D：駁斥自己的負面想法（Disputation）
E：鼓勵自己（Energization）

　　當有一件不好的事情發生，引起自己悲觀的想法時，我們可以這樣練習把事件先依照ABC拆解、思考看看：

A不愉快的事件：考試分數不及格。
B自己的想法：完蛋了，考試搞砸了，我真笨！
C可能發生的結果：爸爸媽媽會罵我。

接下來的D和E就是練習的重點囉：

D駁斥自己的負面想法：其實是自己沒有用心準備，不是因為笨。
E鼓勵自己：雖然可能會被爸媽罵，但我應該坦承自己這次沒有用心
**　　　　準備，下一次考試來臨之前，我要好好用功讀書，努力**
**　　　　取得好成績！**

　　你可以利用塞利格曼博士ABCDE的訓練法，在負面想法出現時，避免自己陷入悲觀的想法動彈不得，有點像是轉念思考的訓練方式，讓自己以積極的方式去面對固有的負面想法，告訴自己還有其他可能，還可以如何做，而不是把自己困在悲觀的想法裡！

我獲得了大家的幫助與愛，變得快樂。也想要幫忙朋友們度過難關。

像這樣的想法很好，把好事和愛傳遞下去，世界就會越來越美好。

第 20 話

說謝謝的力量

「要把謝謝掛在嘴邊，大家都喜歡嘴甜的人！」長輩時常耳提面命的叮嚀我們，要向幫助我們的人道謝，當一個有禮貌的孩子，才會受人疼愛。長輩說的話其實只說對了一半，確實有禮貌的人才會讓人以禮相待，但其實心理學家還發現，說謝謝可不只有受人喜愛呢，還可以在各面向提升自我，讓自己心情變好、變得比較有耐心、增加自我控制能力，還能幫助我們抵抗許多誘惑！

感謝他人原來可以提升耐心

美國東北大學心理學家迪斯農（David DeSteno）長期在研究「感激」這件事帶給人們什麼正面的影響。 2014年他和同事做了一個實驗，邀請了75名參與者將他們分成三組。

研究團隊先請第一組人回想過去曾經讓他很感激的事件（感激組）、第二組人則是回想過去快樂的事件（快樂組）、第三組人則是回想過去一天的生活（無感組）。

接著，請所有參與者花個5分鐘的時間，把這些事件寫下來。每人都填寫一張有27個問題的調查表，每一個問題都會有兩種選擇：可以選擇此

刻領到一些錢，或是未來的某一天領到更多錢。例如，其中有一個問題是這樣問的：「你想要現在就拿到54美元，或是30天後收到80美元呢？」

結果發現，快樂組和無感組的人大部分都是選擇「現在就拿到錢」，而感激組的人則比較願意等待，將來換取更多一點錢，這是比較有耐心的展現，而且研究發現表達感激的程度越高的話，耐心也跟著越多。

到了2016年，迪斯農和同事做了另一個研究，同樣發現表達感恩有助於提升耐心，甚至還能夠幫助我們存錢呢！除此之外，美國加州大學的心理學家也從許多研究中推論得出，感恩可以幫助我們對抗憂鬱及焦慮，讓我們睡得比較好，而且時常心懷感恩的人通常也比較願意保持運動，並有良好的飲食習慣，比較不會抽菸喝酒，因此身體的健康狀況也較佳。

看到這裡，先不管說謝謝是否來自於長輩的要求了，你可能不禁會想，明明有許多研究都發現了說謝謝的好處，我們怎麼還是不習慣時常表達自己的感激之意呢？回想一下，你上一次正式的向別人道謝是什麼時候，是不是時間有點久了呢？還是你會把「謝謝」兩個字常掛在嘴邊，但也沒意識到有向誰說，或因為什麼事而感謝？

為什麼我們不常真心的道謝？

是的，即使心中充滿了無限的感激之情，我們卻往往難以好好的把向人正式道謝，又或者是已經把謝謝當作反射動作，並不是真正的在表達內心的想法，只是講出毫無感情的兩個字。到底為什麼會這樣呢？

美國德克薩斯州大學的心理學家庫馬爾教授（Amit Kumar）也發現到這個問題。他想：與其他可以增加幸福感受的活動相比，像是逛街買東西、吃一頓豐盛的大餐或是聽一場精采的演唱會等等，說一聲謝謝或寫一張感謝卡，就可以提升我們的幸福感受，而且不用花什麼錢，為什麼我們

卻這麼吝嗇表達感激之情呢？

庫馬爾教授設計了一系列的實驗，來找出背後的原因。在第一個實驗中，他請107名學生配合課程的需求，向身邊曾經在生活中幫助過自己的人寄送一封表達謝意的電子郵件，並請學生們預測，對方收到這封信時會多驚訝以及會有什麼感覺。

研究者會跟收信者進行聯繫，詢問他們收到信件時是否覺得很驚訝，以及是否有其他感受。結果發現，參與者普遍低估了收信者的反應，都認為收信者並不會覺得很驚喜。但實際上，不管是收到信還是閱讀信件內容時，收信人都感到相當驚訝又開心。學生寄信之前，還以為對方收到信時應該會覺得很尷尬、很奇怪，原來實際狀況正好恰恰相反！

在第二個實驗中，庫馬爾教授請100名學生用紙筆寫一封簡短的感謝信，收信對象可以是父母、朋友、老師、教練或雇主等，同樣的請他們預測收信者的反應。實驗完成後，獲得了和第一個實驗一樣的結果。

在最後一個實驗中，庫馬爾教授請127名參與者寫一封感謝信給生命中曾經給予幫助的親友。寫完信之後還要填寫一份問卷，自評自己的文筆程度以及對方收到信的感受等問題，例如：

「你在表達自己的感謝時，使用準確字詞的程度有多高？」

「你覺得收信人閱讀你的信之後，他們會覺得有多溫暖呢？」

同樣的，待信件寄送出去之後，研究者也會詢問收件人覺得這封信的表達能力、寫信者的表達感謝的能力、信的真誠程度，以及閱讀完信件之後是否感受到溫暖。

結果又再一次的證明，寫感謝信的人真的是想太多了！他們都以為收信人對他們的信件會沒有什麼感覺，可能還會覺得尷尬、難為情。事實上，收信人不僅不覺得尷尬，根本是欣喜若狂！

從這個實驗中還發現，寫信的人普遍過度擔心自己文筆差、寫得不

好，還覺得對方感受不到信件的真誠和溫暖，但實際上，即便寫信的人認為自己使用過於簡單的字詞表達感謝，收信人仍然被信件裡的字字句句與內容深深打動，也能感受到對方的真誠和溫暖。這些收信人在看到信後，才知道自己帶給他人的正面影響是有多麼強大。

腦補讓我們不敢說謝謝

庫馬爾教授認為，阻礙我們向別人道謝的最主要原因，就是不知道表達感謝後別人會有什麼反應，這會使得我們不敢輕易的向他人說謝謝。我們會擔心自己文筆不好，表達的用詞不夠精準，或是表達得不夠清楚明瞭等。

透過這個研究可以發現，無論文字的措辭是否優美、內容是否完善，只要是真誠且友善的表達，哪怕只是「謝謝您」三個字，收到感謝信的人都是非常開心的。此外，大家在寫完感謝信之後，都覺得自己的心情變得比較正向了，可見表達出對他人的感謝之意，不僅可以為他人帶來幸福，也能夠替自己帶來快樂的感受呢，可說是兩全其美的好方法啊！

如果你正準備想試試看，但拿腦袋中一片空白，可千萬不要擔心，只要試著將想要表達的感謝，用最簡單真摯的話語表達出來，不需要太拘泥於形式和儀式感。對於收到謝意的人來說，心意才是他們重視的事，過度修飾的用字遣詞反而會模糊焦點，清楚且簡單的用詞用語就非常棒了喔！

那麼，就讓我們一起試試看，把藏在心裡的感激轉化為字句，說出口也好，寫張小卡片、畫張圖、傳個短訊都可以，一起將我們的「感謝」變為「感動」吧！

　　你印象最深刻的感謝他人或被人感謝的經驗是什麼呢？博士以前還在大學教書時，有次朋友來訪，我們便在研究室聊天。那時剛好遇到一位學生來進行感恩拜訪的活動，學生手拿著自己寫好的感恩信件，對著我一字一句的念出來。當時我聽了以後差點流淚，因為裡頭提到一些我完全沒想到的小事，竟然對學生產生不小的影響。就像本篇文章說的，收到信的人真的會有莫大的正向感動。

　　當時友人全程目睹了學生的感恩拜訪，看完以後說他也很感動。我才發現，原來表達感謝之意，不只是讓表達者跟接受者有正向感受，連在旁的第三者也會感到溫暖！

沒想到感謝卡的力量這麼強大。
博士別哭了。

強大的是你們的心意喔，不管是什麼形式，我們都很感動！

Q1 老師你說的感恩拜訪是什麼呢？跟寫感謝信不一樣嗎？

A1 感恩拜訪可以看成是感謝信的「威力加強版」。主要關鍵是必須親自找到你想感謝的那個人，當面表達自己的感謝之意。不過怕大家當面會太害羞、講不出話來，因此會建議事先把要講的話寫好，當場唸出來後並給予信件、卡片或其他感謝小物。就博士的親身經驗來看，這樣的效果真的很強大喔。推薦大家可以試試。

我們也很感謝同學們一直以來的陪伴和真誠的回饋！

你們也幫助了我們思考與成長喔，謝謝各位同學！

◑◑ 少年知識家

學校沒教的心理課：自我成長篇
穩定情緒、突破盲點，華麗變身人氣王！

作者｜蔡宇哲、李盈儀
漫畫&插畫｜熊哥大喬治漫畫創意工作室

責任編輯｜詹嬿馨　特約編輯｜戴淳雅
美術設計｜李　潔　行銷企劃｜王予農

天下雜誌群創辦人｜殷允芃
董事長兼執行長｜何琦瑜
媒體暨產品事業群
總經理｜游玉雪　副總經理｜林彥傑
總編輯｜林欣靜
行銷總監｜林育菁
主　編｜楊琇珊
版權主任｜何晨瑋、黃微真

出版者｜親子天下股份有限公司
地址｜台北市104建國北路一段96號4樓
電話｜（02）2509-2800　傳真｜（02）2509-2462
網址｜www.parenting.com.tw
讀者服務專線｜（02）2662-0332　週一～週五：09:00~17:30
傳真｜（02）2662-6048　客服信箱｜parenting@cw.com.tw
法律顧問｜台英國際商務法律事務所‧羅明通律師
製版印刷｜中原造像股份有限公司
總經銷｜大和圖書有限公司　電話：（02）8990-2588

出版日期｜2024年3月第一版第一次印行
　　　　　2024年7月第一版第二次印行
定價｜400元　書號｜BKKKC264P
ISBN｜978-626-305-716-6（平裝）

訂購服務
親子天下Shopping｜shopping.parenting.com.tw
海外‧大量訂購｜parenting@cw.com.tw
書香花園｜台北市建國北路二段6巷11號　電話（02）2506-1635
劃撥帳號｜50331356　親子天下股份有限公司

國家圖書館出版品預行編目(CIP)資料

學校沒教的心理課：自我成長篇——穩定情緒、
突破盲點，華麗變身人氣王！/蔡宇哲,李盈儀作;
熊哥大喬治漫畫工作室漫畫.插圖.
-- 臺北市：親子天下股份有限公司, 2024.03
152面；18.5×24.5公分
ISBN 978-626-305-716-6（平裝）

1.CST: 初等教育 2.CST: 人際關係 3.CST: 兒童心理學
4.CST: 通俗作品

523.3　　　　　　　　　　　　　113001747

立即購買 >